Ich gebe nicht auf

Eine Auswahl aus Briefen von 2011 bis 2023

Yürgen Oster

AF208461

Mit herzlichem Dank an Wilfried Thiele, ohne den
dieses Buch nicht möglich geworden wäre.

Yürgen Oster

Ich gebe nicht auf

Eine Auswahl aus Briefen, den Newslettern von
2011 bis 2023

Edition 3 Säulen

Bibliografische Information der Deutschen Nationalbibliothek Die Deutsche Nationalbibliothek verzeichnet
diese Publikation in der Deutschen Nationalbibliografie;
detaillierte bibliografische Daten sind im Internet über
www.dnb.de abrufbar.

Herstellung und Verlag: BoD – Books on Demand,
Norderstedt ISBN 9783758375583

vorwort

Seit vielen Jahren schreibe ich in einigermaßen regelmäßigen Abständen Briefe an meine Studenten und Freunde. Man nennt das heutzutage Newsletter. Vor den Ankündigungen aktueller Termine, neuer Seminare oder Buchveröffentlichungen lasse ich meist noch meinen Gedanken freien Lauf.

Oft bekomme ich freundliche Rückmeldungen, Leser bedanken sich oder stellen ihre eigenen Ansichten vor.

Die Briefe waren bei Jimdo, dem Anbieter über die ich die Newsletter gestaltet und verschickt habe, gespeichert. Ich habe selbst kein Archiv angelegt. Ich bin kein Sammler. Aber dann habe ich bei Jimdo gekündigt und alles war weg.

Als ich das in einem Gespräch bedauernd erwähnte, erklärte mein guter Freund Wilfried Thiele, er habe die meisten auf seinem Rechner. Er könne sie mir geben. Damit entstand die Idee zum vorliegenden Buch. Nun bin ich überrascht, wie viele Seiten es geworden sind. Ich habe nur wenige Briefe aussortiert oder gekürzt.

Es beginnt im Oktober 2011, als ich nach Teneriffa ging und endet vorerst 2023. Es gab Zeiten in denen ich weniger geschrieben habe und 2013 zog ich mich für einige Zeit zurück, ich war kurz davor, ganz aufzugeben.

Auch für mich war es überraschend, meine Texte wieder zu lesen. An einige erinnere ich mich sehr genau, mitunter bin ich verblüfft, wie lange sie her sind. Es sind einige wenige Themen, die sich durch alle Briefe ziehen. Weitere Sendungen werden folgen, die Themen werden die gleichen bleiben.

Wer sie lesen möchte, sollte den Newsletter auf meiner Webseite abonnieren.[1]

Nun wünsche ich viel Freude beim Lesen

Yürgen Oster

Teneriffa, im März 2024

---

[1] https://www.innerqi.net/newsletter/

02.10. 2011

Es gibt hier ein Bier, ganz lecker, nicht zu schwer oder zu würzig, also genau richtig nach einem heißen Tag. Es heißt Dorada, wie ein schmackhafter Fisch, den es preiswert frisch zu kaufen gibt. Dorado heißt golden, goldfarben, dorada im feminin. Nach der Goldgrube im goldischen Mainz will ich nicht so gerne vom Golde lassen. Dachte zunächst an carta dorada - goldener Brief, aber dann kam es ganz unvermittelt Radio Dorado[2], das klingt für mich rund. Nicht wegen des Rundfunks, denn es bleibt beim Rundbrief. Aber Radio kommt vom Radius, dem Strahl, der im Kreis das Äußere mit der Mitte verbindet. Und das ist uns doch das Wichtigste im Taijiquan, im Qigong und der stillen Meditation.

Also herzlich willkommen bei Radio Dorado, dem goldenen Strahl aus Teneriffa.

---

[2] Da meine Spanischkenntnisse zu der Zeit noch sehr rudimentär waren, wusste ich nicht, dass Radio trotz der O-Endung weiblich ist und es deshalb Radio Dorada hätte heißen müssen.

12. November 2011

Während des Jibengoing-Seminars auf Teneriffa habe ich einmal notiert:"Es muss alles noch viel einfacher werden."

Die Grundlagen aller Arbeit in den inneren Künsten sind letztlich der Schlüssel zu den Geheimnissen, die hinter all den Formen vermutet werden. Sitzen in Selbstvergessenheit, Stehen wie ein Pfahl, tief verwurzelt, Drehen um die innere Mitte und immer wieder geduldiges Üben. Selbst das sind nur kleine Hilfsmittel, um letztlich das zu tun, von dem wir alle wissen, das es getan werden muss. Jeder weiß es, niemandem muss es gesagt werden. Wir müssen nur hinausgehen in die Welt und es tun. Dafür brauchen wir keine Lehre und keine Meditation, keine Meister und keine Heiligen. Nur einmal den Blick nach Innen gerichtet. Ehrlich, aufrichtig und ohne Scham. Das bist du, das bin ich, das ist unser Leben.

Also, wie heißt es so schön:"Packen wir es an."

02. Februar 2012

Es ist nur ein Umzug, hatte ich gedacht, ich werde woanders wohnen. Das ist alles. Aber es zeigt sich, es ist mehr, es ist eine Veränderung.

Wenn du vor einer Türe stehst, dann kannst du dich lange mit dieser Tür aufhalten. Dich mit ihrer Verarbeitung, ihrer Gestaltung oder ihrer Qualität beschäftigen. Du kannst bewundern, wie gut sie sich in die Wand einpasst, wie stabil sie ist. Dich an der Maserung des Holzes erfreuen oder an den Spuren der Zeit. Einige werden bald wieder das Interesse verlieren, andere werden sie vielleicht sogar verändern wollen. Neu streichen. Oder nicht mehr Tür nennen wollen, sondern Porta oder gate. Aber anscheinend wissen viele nicht, wie man hindurch kommt, wissen noch nicht mal, dass dies der Sinn und Zweck einer Tür ist. Einen Durchgang zu versperren, aber doch möglich zu machen.

Was man braucht, ist einen Schlüssel. Wer den Schlüssel kennt, kann die Tür benutzen. Ohne Schlüssel ist sie ein Hindernis. Möchte man aber hindurch, braucht man den richtigen Schlüssel.

Hat man den Schlüssel, weiß aber nicht, zu welcher Tür er gehört, dann ist er nutzlos. Beides gehört zusammen.

Wenn ich in diesem Gleichnis bisher die Tür gezeigt und beschrieben habe, dann will ich in Zukunft den Schlüssel weiter geben. Das ist die Veränderung.

02. April 2012

Vor vielen Jahren hatten wir einen immerwährenden Kalender mit einem Spruch für jeden Tag. An meinem Geburtstag stand folgendes:

Der alte Drachen ist gestorben,
nun können sich die Menschen freuen,
doch etwas fehlt, am nächsten Morgen
haben sie schon einen neuen.

So ist es wohl. Wir brauchen immer einen Feind, einen Gegner, der Schuld hat an unserem Unvermögen, an unseren Niederlagen, an allen Schwierigkeiten des Lebens.

Einen, an dem wir uns die Zähne ausbeissen können, an dem wir uns messen und den wir letztlich überwinden wollen.

In der Legende erkennt Zhen Wu sich selbst als den größten Gegner und widmet sich der Kampfkunst als Weg der Selbstkultivierung. Letztlich geht er als „Wahrer Krieger" in den Himmel der Unsterblichen ein.

Die Unsterblichkeit ist sicher nicht jedermanns Sache, aber sich selbst besiegen, täglich, jeden Morgen, wenn der neue Drachen schon vor der Türe wartet.

31. Mai 2012

heute erzähle ich eine alte Geschichte. Ich erzähle sie nicht zum ersten Mal, so kann es sein, dass einige sie schon kennen. Aber sie ist wichtig:

Tilman hatte in Colorado ein fantastisches Bild von Giafu Feng gemacht, an einem Winternachmittag, als der Alte von seinem täglichen ten-miles-walk zurückkam.

Für den Sommer, wir befinden uns im Jahr 1982, organisierte ich ein Seminar mit Giafu in Neuwied und hatte eben dieses Bild als Plakatmotiv ausgewählt. Das Motto des Seminars sollte "Taoistische Alchemie" lauten.

Nun muss ich für die jüngeren unter den Lesern einen kleinen Ausflug in die technischen Möglichkeiten dieser Vergangenheit unternehmen. Es gab zu jener Zeit zwar schon Computer, die hatten aber so ziemlich 1% mit dem zu tun, was man heute unter einem Computer versteht. Wollte man z.B. eine Überschrift gestalten und war kein geübter Kaligraf, dann gab es in jeder Schreibwarenhandlung und Abteilung Letraset zu kaufen; Buchstaben diverser Schrifttypen auf Folie, die man auf's Papier rubbeln konnte. Meist ging das mehr oder weniger schief, sah aber sauberer aus, als handschriftliche Versuche. Wollte man es ganz ordentlich haben, so wandte man sich an einen Setzer. Dieser Beruf ist inzwischen, soweit ich weiß, ausgestorben. In meinem Falle handelte es sich um zwei Setzerinnen des Kölner Druckstores, denen in ihrem sozialistischen Selbstverständnis der Begriff "Alchemie" wohl fremd war. So schrieben sie statt dessen "Taoistische Akademie". Aus einem mir nicht mehr erinnerbaren Grund habe ich die Satzaufgaben nicht Korrektur gelesen und so kam dieser Titel auf's Plakat.

Als Giafu Feng ihn las, war er hellauf begeistert. Jawohl, eine Akademie war es, was er schon immer gewollt hatte und wir sollten doch gleich im Hause Monrepos eine solche fest installieren. Wozu es aber niemals kam.

Wenige Jahre später gründete ich zunächst in Köln etwas bescheidener die "Tao Schule" und inzwischen gibt es als Bildungs- und Ausbildungsverbund die „DAO akademie". Dank eines Fehlers, der heute so nicht mehr vorkommen kann.

Macht Fehler, liebe Leser, das fördert die Entwicklung.

11. August 2012

Als ich vor zwei, drei Leben mit meinem Kunststudium anfing, da setzte man uns Neulinge in zwei Räume an lange Tische und ließ uns Strukturen zeichnen. Ich kam mir vor wie in der sechsten Klasse, nicht wie an einer Akademie. Man ging nicht davon aus, dass wir zeichnen könnten, in unseren bisherigen zwanzig Lebensjahren sehen gelernt hatten und wir alle kleine Leonardos, Picassos oder Warhols seien, die man nur machen lassen müsste, damit der Welt vor Staunen der Mund offen stehen bliebe. Jawohl, ich hatte den Eindruck, nicht für voll genommen zu werden. Nachdem ich intensiv die Strukturen der Kunst erforscht hatte, kam ich zum Taijiquan und irgendwann wurde ich zum Lehrer.

In den ersten Jahren habe ich auch viel Wert darauf gelegt, mit den Leuten Basisarbeit zu machen. In der weiteren Entwicklung habe ich dafür anscheinend den Blick verloren. Inzwischen gehe ich wohl davon aus, dass sich jeder bewegen kann, in seinem bisherigen Leben gelernt hat, die Füße voreinander zu setzen oder die Arme zu heben, dass hier alles kleine Zhang Sanfengs, Yang Lu Chans und Jet Lis vorbei kommen, die ich nur machen lassen brauche…

16. November 2012

Von der Grundschule (die damals Volksschule hieß) führte mich der Heimweg über das „Kirchplätzchen", eine kleine, zweigeteilte Grünanlage hinter der Nikolauskirche in Köln Sülz. Der erste Teil bestand aus einem Rasenstück um das ein Weg führte, der wiederum von Buschwerk zur Straße hin umgeben war und tagsüber von den Geistlichen zum Lesen ihres Breviers und abends von Liebespaaren zum Knutschen genutzt wurde.

Der zweite Teil war ein Spielplatz mit Wippen, Schaukeln und Klettergerüst sowie dem obligaten Sandkasten. Alphatier auf diesem Spielplatz war der freche Tommy, der mich nicht leiden konnte. Hatte ich Pech und Tommy trieb sich auf dem Platz rum wenn ich nach Hause wollte, dann musste ich mich mit ihm kloppen und er war stärker. So ging das einige Jahre.

An einem 24. Dezember, wir waren mindestens zehn Jahre alt, stießen wir an einer Straßenecke zusammen. Ich machte mich schon auf Dresche gefasst, als Tommy mir die Hand entgegenstreckte: "Heute ist Weihnachten, ab heute haben wir Frieden."

Wenige Jahre später spielte er bei den Pennies als Schlagzeuger, aber das konnte schon wegen des Namens keine große Sache werden. Dann dauerte es noch ein paar Jahre und er wurde als Sänger und Bandleader der Bläck Föös über die Grenzen Kölns bekannt.

Frieden

29. Dezember 2012

Unsere Kalender halten sich so einigermaßen an die Bahn der Erde um die Sonne. Wir bewegen uns mit einer Durchschnittsgeschwindigkeit von 107.000 km/h um einen 150 Millionen Kilometer entfernten, nuklearen Feuerball, wobei unser atmosphärischer Planet am Äquator mit 1670 km/h um die eigene Achse rotiert. Dabei stehen wir unter dem Einfluss des starken Gravitationsfeld der Erde und sind zusätzlich der Gravitation des Mondes ausgesetzt, welche unsere Eigenrotation beständig abbremst und derzeit die Tageslänge um 20 Millisekunden pro Jahr verlängert.

All diese gewaltigen Kräfte, die ständig unbemerkt auf uns wirken, halten wir für völlig normal. Wir finden es normal, zu Weihnachten in einen Konsumrausch zu fallen, obwohl wir wissen, dass es besser wäre, das Geld an eine wohltätige Organisation zu spenden, die zum Beispiel die Folgen irrsinniger Kriege lindern hilft.

Gleichzeitig sehen wir es als völlig normal an, Bildergeschichten zu lesen, in denen vermenschlichte Enten oder Mäuse die Helden sind. Und wir sehen es auch als völlig normal an, mit kleinen viereckigen Kästchen Nachrichten über das Wohlergehen unserer Haustiere in die Luft und um die Welt zu schicken. Wir finden es ebenso völlig normal, die Wirkung von Akupunktur oder homöopathischer Mitteln oder die positive Auswirkung regelmäßiger Meditation auf den Geist in Frage zu stellen. Das alles zeigt doch, zu welch offensichtlich schiefer Sichtweise wir bereit sind zu tendieren. Kein Wunder, bei all den Kräften, die an uns zerren.

14. Februar 2013

Das Jahr der Schlange

Die Winterakademie endete zum chinesischen Neujahrsfest, seit dem 10. Februar befinden uns im Jahr der Schlange und gemäß den Fünf Wirkphasen wird dieses Jahr dem Element Wasser zugeordnet. Die Schlange gilt als klug, logisch denkend und kreativ. Sie gilt aber auch als undurchsichtig und listig, als ein Wesen, dass nach Außen etwas anderes zeigt, als sich im Inneren verbirgt. Gefürchtet werden Umwälzungen, Konflikte und unvorhergesehene Ereignisse.

Das Jahr der Schlange lässt uns erleben, dass Verlust zum Wachstum dazu gehört. Wie sich die Schlange häutet, um wachsen zu können müssen auch wir unsere alten Kleider (Ideen, Pläne, Vorstellungen, Weltbild, Überzeugungen,…) von Zeit zu Zeit überprüfen, abstreifen und neue anprobieren, in denen wir uns erstaunlicherweise dann wohler fühlen.

14. März 2013

Regenbogen

Anfang der siebziger Jahre arbeitete ich für einen kleinen Laden in Köln, der auch so etwas wie ein Treffpunkt war. Hier hörte ich zum ersten Mal von Taijiquan, von einem daoistischen Tanz, bei dem exakte Regeln der Bewegung einzuhalten seien, was meiner damaligen Auffassung von Daoismus wirklich nicht entsprach. Obwohl ich eigentlich nur die Reclam Ausgabe des Daodejing in der Übersetzung von Günter Debon kannte, hielt ich den Daoismus für eine Art pantheistischen Anarchismus. Strikt festgelegt Bewegungen hatten in diesem Bild keinen Platz.

Eines Tages unterhielt ich mich mit einem jungen Physiker, den ich schon des öfteren dort getroffen hatte, über Themen aus der Science Fiction Literatur. Wir kamen auch auf Multidimensionale Welten zu sprechen und ich gestand, mir diese schwerlich vorstellen zu können. Er gab mir eine sehr anschauliche und, wie man sieht, nachhaltige Erklärung des euklidischen Raumes, um darüber hinaus dann vielleicht auch einmal höhere Dimensionen zu verstehen. Der euklidische Raum (ich vereinfache hier und die Mathematiker mögen mir verzeihen) basiert auf dem Punkt, der 0 Dimension besitzt. Die Gerade, bestehend aus unendlichen Punkten bildet die Dimension 1, unendlich 1 hat die Dimension 2, genannt Fläche und unendlich 2 erzeugt den Raum, Dimension 3. Nun brauchen wir uns nur unendlich viele Räume vorstellen, um in die vierte Dimension vorzustoßen. Was mich daran fasziniert, ist ein Raum, der aus unendlich mal unendlich mal unendlich mal Null besteht.

Und nun reden wir davon, uns darin zu bewegen.

10. April 2013

Zurückkehren zum Ursprung

Der Ursprung ist der Quell des Daseins, der nicht an eine Zeit gebunden ist, aus dem ständig das Neue sprudelt.

Der Ursprung ist das Dao, bevor es in Erscheinung tritt, die absolute Harmonie, bevor Harmonie entsteht. Der Ursprung ist kein Zeitpunkt und kein Ort; er ist der Zustand, in dem die Welt zustande kommt.

Loslassen

Loslassen ist ganz einfach. Man öffnet die Faust. So wie man die Faust öffnet, kann man auch den ganzen Körper öffnen. Den Körper als Ganzes, als Einheit und in seinen Teilen. Alle Gelenke, die Muskeln, die Schwere.. Den Körper als Ganzes, als Einheit und in seinen Teilen. Alle Gelenke, die Muskeln, die Schwere.

Eine Faust öffnet sich von Innen, aus ihrer Mitte und so öffnet sich auch der gesamte Körper aus seiner Mitte. Du lässt los, was du in deinem Innersten festhältst. Du lässt es los und in die Welt treten.

Ist der Körper nicht in gelöstem Zustand, dann stagniert das Qi Gelöst bedeutet entschlossen. Entschlossenes ist offen, aufnahmebereit und lebendig. Wie eine geöffnete Hand bereit ist, etwas anzunehmen.

Wer festhält, nimmt sich selbst gefangen.

28. April 2013

Zwischen den Stühlen

Zwischen Schamanismus und Spiritualität, zwischen Medizin und Meditation und zwischen Kampf und Kunst ist mein derzeitiger Standort zu finden. Zusätzlich gibt es Teekultur, Nebel, Tempel natürlich mit ihren immer wieder faszinierenden Dächern, viel Wald drum herum und die üblichen Auswüchse des Tourismus. Ich bin mal wieder in den Wudang-bergen. Als ich 2005 zum ersten Mal her kam, wollte ich es nur mal gesehen haben, die legendäre Geburtsstätte des Taijiquan. Wenn man es so lange praktiziert wie ich, habe ich mir gedacht, sollte man wissen, wie es dort aussieht. Damals waren wir nur ein paar Tage hier auf unserer Rundreise. Aber ich hatte gespürt, dass hier noch mehr zu erfahren ist, weswegen ich gleich im folgenden Jahr wieder gekommen bin. Und wieder und wieder. Jetzt zum 13. Mal. Immer in die Akademie am Purpurwolkenpalast. Was für eine Adresse.

und dann zog ich mich zurück und meldete mich eine Weile nicht mehr.

Herz zu Herz

Schauen und hören wir uns dieser Tage um, in den sogenannten sozialen Medien, in der Presse, auf der Straße, dann sehen wir die Grundwahrheiten des Buddha bestätigt: die Ursache allen Leids liegt in Gier, Hass und Unwissenheit. Milder ausgedrückt sagen wir dazu Wünschen und Wollen, Ablehnung und das Nichtverstehen der karmischen Zusammenhänge.

All unser Reden, unser Handeln und auch Vermeiden basiert auf dem festen Glauben einer Welt außerhalb von uns selbst. Obwohl wir inzwischen sehr genau wissen, dass sich diese Welt da draußen mit ihren anderen Bewohnern in unserem Geist bildet anhand der Informationen, die wir über die Sinne aufnehmen, gepaart mit jenen Informationen, die wir schon seit unserer Kindheit aufgenommen und gespeichert haben. Wir wissen auch sehr genau, wieviel wir nicht wissen, wissen aber nicht, was wir nicht wissen. Ungeachtet dessen sind wir jederzeit bereit, uns ein Bild zu machen von der Welt da draußen und dazu eine Meinung zu konstruieren.

In der Meditation betrachten wir das Aufsteigen der Gedanken, der Emotionen und Befindlichkeiten. Statt uns von ihnen davontragen zu lassen wie ein Holz, das steuerlos auf den Wellen des Ozeans treibt, gehen wir ihnen auf den Grund. Statt uns mit ihnen zu identifizieren, betrachten wir sie wie die Wolken am Himmel, ständig neue Formen annehmend, sich auflösend und erneut formierend, verdichtend und gelegentlich niederschlagend.

Meditation ist nicht nur stilles Sitzen. Meditation ist keine Handlung, sondern eine Haltung. Eine Einstellung zum Leben.

07.02. 2016

Das Jahr des Affen

Mit dem zweiten Neumond nach der Wintersonnenwende beginnt das chinesische neue Jahr. Im Zyklus der zwölf Tiere treten wir am 8. Februar in das Jahr des Affen, der von der Wirkphase Feuer begleitet wird.

In der Meditation nennen wir das unruhige, umherspringende Denken auch gerne das Affentheater. Wie sich das Denken oft gerne selbst an der Nase herumführt, spielt der Affe in der chinesischen Mythologie den Trickster, den Schelm, jene Figur, der wir in allen Kulturen begegnen. In seinem scheinbar absurden Verhalten und Denken zieht er die Ernsthaftigkeit unserer Bemühungen ins Lächerliche. Ob als Eulenspiegel, Charly Chaplin oder Clown entzieht sich der Trickster den Normen, er ist weder gut noch böse, er ist listenreich und zugleich ein Tölpel.

Er will den Menschen Gutes tun. Dabei verführt er sie, jene Grenzen zu verletzen, die ihren Alltag vom Bösen, vom Sündhaften trennen und bringt so die (göttliche) Ordnung durcheinander. Sehr passend, dass der Beginn des Affenjahrs auf den Rosenmontag fällt.

29.04.2016

eins sein

Die Herz zu Herz Tour ist zu Ende,

nach fünfzig anregenden, angefüllten Tagen, die mir vorkommen wie eine Ewigkeit. Ich habe viele Freunde wiedergetroffen und neue gewonnen, Menschen kennengelernt, Städte, Museen, Theater. Nun ist die Tour vorbei. An alle, die daran teilgenommen haben, denke ich gerne zurück und danke, danke von Herz zu Herz. Ihr ward alle großartig.

Nun hat meine nächste Etappe begonnen. 90 Tage China, Wudangshan, Purpurwolkenpalast, Dao Wei Akademie. Studieren, auftanken, eintauchen in die daoistische Welt, in dieses Paralleluniversum, welches alles durchdringt, die Seele des Kosmos. Eins Sein.

So habe ich es gelernt, die Stufen der inneren Entwicklung. Sie sind geprägt vom Eins-sein mit sich selbst, als erstes. Dann wird man eins mit anderen, seinen Mitmenschen und letztlich eins mit der Natur, dem Universum.

Unter dieses Motto stelle ich dann auch die nächste Tour, den Spätsommer in Teneriffa und Deutschland. Lass dich inspirieren.

04.06.2016

unterwegs

Zhang Sanfeng soll in den Wudangbergen das Taijiquan erfunden haben. So wird es erzählt. Demnach sollte jemand, der seit Jahren Taijiquan ernsthaft ausübt, einmal die Wudangberge besucht haben. Deshalb stand dieser Ort, über den ich sonst nichts wusste, vor elf Jahren mit auf der Reiseroute. Dann kam ich wieder und wieder und wieder. Schon im nächsten Jahr lernte ich Zhong Xueyong kennen, einen jungen Meister und Leiter der Wushu Akademie. Gerne lernte ich mit ihm und über die Jahre wuchs eine innige Freundschaft. Zu unserem 10jährigen Jubiläum ließ er auf seiner Webseite einen ehrenden Beitrag veröffentlichen. Das Original und eine halbwegs stimmige Übersetzung findet sich im Anhang.[3]

---

[3] Dao kennt keine Grenzen

In meiner Kindheit, als es noch nicht so viele Autos gab, konnte man seinen Spaß daran haben, mit einem Fuß auf dem Bürgersteig und mit dem anderen in der Gosse zu laufen. Das könnte ein Bild sein für eine lange Zeit meines Lebens. Bis ich erkannte, dass wer sich nicht für den Bürgersteig entscheiden will, nicht unbedingt in der Gosse landet, sondern die ganze Straße für sich haben kann.

So bin ich zu einem Wanderer zwischen den Welten geworden: Wudangshan, Teneriffa und Deutschland sind meine Galaxien. Ich freue mich über jede Begegnung in den Weiten des Raums. Pack dein Handtuch ein und komm ein Stück mit.

02.07.2016

ursprüngliche anlagen

Neben ihren Gongfu Basisübungen, ihrem Konditionstraining und ihren diversen Formen rezitieren die jungen Leute hier in Wudang in der Daowei Caotang fast täglich den Laozi, das Daodejing. Sie lesen es laut, sie lesen es leise, sie schreiben es ab. Die Texte hängen auf großen Tafeln hier in den Gängen. Laozi ist allgegenwärtig. Ich hab mal einen, der gerade beim Abschreiben war gefragt, ob er das versteht. "bu dong" Nein, versteht er nicht. Darum geht es auch nicht, um das Verstehen, auf das wir Wert legen. Das analytische Betrachten, womöglich

Wortklaubereien betreiben. Es soll eindringen und auf das innere Daodejing treffen. Es soll die vorhandene Weisheit wecken, die ursprünglichen Anlagen, die uns allen innewohnen.

Ein Chengyu, das in unserem "Kommunikationscenter" an der Wand prangt, möchte ich mal sehr frei übersetzen: "Sich selbst beherrschen, anderen dienen."

Das Leben in der Zivilisation westlicher Prägung fördert die natürlichen Anlagen nicht unbedingt. Die Wertvorstellungen des Kapitalismus drehen genau ins Gegenteil, sich selbst bedienen und andere beherrschen. Das kann auf lange Sicht nicht gut gehen, das kann die Menschen nicht glücklich machen.

05.08.2016

wegweiser

ganz sicher bist du an diesem Tag voller guter Absichten. Du willst dein Bestes geben, willst hilfsbereit, freundlich, ehrlich sein. Aber dann kommen Worte über deine Lippen, die du so nicht meinst, es steigen Gedanken in dir auf, die sich gegen andere richten, unfreundliche und du unterdrückst die spontane Geste, zu helfen: Dem nicht.

Was lässt uns anders sein, als wir eigentlich sein wollen? Oder anders rum: Wie kann ich so sein, wie ich sein will?

Wenn wir an dieses Potential heran wollen, kann Taijiquan und Qigong ein Weg sein. Ein Entwicklungsweg. Er beginnt bei den physischen Übungen. Es bleibt auch dabei, wenn du über das rein physische hinaus kommst. Du machst nicht was anderes, aber du machst es anders. Mit der Zeit wird es ein anderer, der es macht. Der ganze Mensch verändert sich. Deshalb nennen wir es Selbstkultivierung.

31.08.2016

einmal durchatmen

In letzter Zeit habe ich viele Texte gelesen, die damit beginnen, man könne sich in der jetzigen Zeit nicht genug um die innere Ruhe kümmern, um die eigene Entwicklung, Das Leben fordere einerseits zu viel und böte andererseits auch zu viel Ablenkung. Diese Texte stammten aus verschiedenen Zeiten und verschiedenen Kulturen. Ganz gleich ob in China vor 3000 Jahren oder im Amerika der Gegenwart. Die Autoren haben immer die gleiche Klage an den Anfang ihrer Schriften gesetzt.

Wenn es immer und überall so war, dann liegt es nicht an den Zeiten, dann liegt es an den Menschen selbst. Es sind dann nicht die äußeren Umstände zu beklagen, sondern die innere Einstellung. Die Zeiten und die Kulturen haben sich geändert, die Menschen sind im Grunde gleich geblieben.

Der Mensch ist ein so vielfältiges und komplexes Wesen, dass es uns, obwohl wir selber Mensch sind, nicht vorstellbar ist, wie viel wir noch immer nicht über uns wissen. Was die oben erwähnten Autoren eigentlich beklagen ist, dass wir alle im Dunkeln tappen. Wir kommen in dieses Leben, für einen Augenblick leuchtet ein Zündholz auf, dann ist es wieder vorbei. In diesem Moment glauben wir zu verstehen, was Sache ist. Daraus speisen wir unsere Weisheiten, unsere Ethiken und unsere Religionen. Aus einem einzigen Atemzug.

08.12.2016

komm in's warme

was ich derzeit sagen möchte, steht hier gut geschrieben:

Der Geist (Herz) ist Meister über den Körper, Beherrscher der hundert Geister. In Ruhe gibt er Einsicht, aufgeregt führt er in die Irre. Fröhlich durch sein Traumland wandernd, kann er die Wahrheit wohl kaum benennen, es schmeckt ihm gut, der Mittelpunkt des Gelages zu sein. Wer möchte hören, dies sei ohne Inhalt.

Verwirrung und Unwissenheit des Geistes sind bedingt durch den Ort, an dem er sich niedergelassen hat. Will man sein Verhalten ändern, muss man auch den Ort ändern. Auch soll man gut wählen, mit wem man sich umgibt. Wie viel wichtiger ist das alles, will man sich aus dem Kreis von Geburt und Tod befreien und den Geist inmitten des DAO seine Heimstatt nehmen lassen? Ohne das Alte aufzugeben kann man das Neue nicht erreichen.[4]

12.01.2017
doppelte freude

das ist die schlichte Wahrheit über unsere Künste, und es trifft auch auf viele andere Künste und Lebenserfahrungen zu. Vor einigen Jahren verwendete eine chinesische Freundin für die Praxis des Taijiquan den Begriff 背诵 Bei Song, was sich am besten mit *rezitieren* übersetzen lässt.

---

4 aus: Sitzen - Daoistische Meditation nach dem Zuo Wang Lun, der Abhandlung über das Sitzen in Vergessenheit von Sima Chengzhen

Die Bewegungen lassen sich nicht verstehen, auch nicht, wenn wir eine Kampfkunst - Anwendung dazu zeigen können. Nur durch ständige Wiederholung, durch Rezitation dringt sie langsam ein und erfasst das Wesen.

In diesem Frühjahr, bevor ich wieder nach Wudangshan reise, gibt es einige Möglichkeiten, mit mir an den Bewegungen zu arbeiten. Freude für euch und Freude für mich - doppelte Freude.

15.02.2017

wegweiser 2

Die Methoden der Selbstkultivierung sind ein Abenteuer. Du begibst dich auf eine Reise, von der du nicht weißt, wohin sie dich führt.
Taijiquan und Qigong sind eine Art Sprache. Sie erzählen dir etwas, aber dieses Etwas lässt sich nicht in Worte fassen, sonst bräuchten wir die Praxis nicht. Du erhältst diese Information durch ständiges Rezitieren. Du machst es immer und immer wieder. Langsam dringt die Information in dich ein.

Auf eine solche Reise begibt man sich nicht leichtsinnig. Du brauchst einen Guide, dem du vertrauen kannst. Ich mache diese Tour seit 40 Jahren, habe das Gebiet ausgiebig erforscht und gebe dir mein Wort, keine Risiken einzugehen.

der unsterbliche zeigt den weg

Wenn die Gesundheit abnimmt, führt es zu Krankheit, wenn sie sehr schwach wird, letztlich zum Tod. Das leuchtet allen ein. Erkläre ich, dann müsse auch eine Steigerung der Gesundheit möglich sein, die im besten Fall zur Unsterblichkeit führt, werde ich meist belächelt. Das kann ich nachvollziehen. Immerhin sehen wir tagtäglich Menschen sterben. Aber wer kann behaupten, einem Unsterblichen begegnet zu sein?

Die Physik beschreibt jene Regeln und Gesetze, nach denen unsere Welt funktioniert. In der Quantenphysik gelten aber diese Gesetze nicht mehr, oder nicht alle. In der Selbstkultivierung gelten irgendwann auch nicht mehr jene Beschreibungen des Menschen, die in der Medizin und Psychologie vorgenommen werden. Die Unsterblichen zeigen uns den Weg, gehen müssen wir selber.

Es ist Frühling, die Sonne scheint, Blumen und Büsche sprießen. Die Menschen ziehen ihre dicken Jacken aus und lächeln wieder.

02.05.2017

doppelte freude 2

zwei Monate war ich unterwegs, durch Österreich, die Schweiz und vor allem durch Deutschland. Im Süden, im Westen, im Osten. Der Norden bleibt noch etwas vor, auch wenn die Südländer glauben, Münster läge kurz vor der Nordsee. Für mich, als gebürtiger Nordrhein-Westphale, ist das noch Westen, maximal Mitte.

Die Mitte war überall Thema, wie sollte es auch sonst sein bei Qigong und Taijiquan. Rund einhundert Menschen bin ich begegnet auf dieser Tour, großartige Begegnungen mit phantastischen Menschen. Überall bin ich sehr freundlich aufgenommen worden. „Sehr freundlich" ist stark untertrieben. Es war eine überaus glückliche Zeit für mich und ich bin allen zu tiefst dankbar.

„Doppelte Freude" hatte ich die Tour genannt. Zum einen, weil ich damit auch gleich die Herbsttour mit einbeziehen wollte, aber hauptsächlich, weil Freude sich immer verdoppelt, wenn man sie teilt.

09.06.2017

die berge, die sprache und was man nicht weiß

Der Gedanke, acht Monate lang nicht hier in Wudang Shan zu sein, steigerte sich schon in den ersten Tagen ins Unerträgliche. So habe ich beschlossen, im Herbst nach dem zweiten Teil der „Doppelten Freude Tour" noch einmal hier hin zu reisen, auch wenn es später kalt sein wird. Aber dann sind es nur fünf Monate bis zur Reise im Mai. Das halte ich aus. Wer mitkommen möchte, Oktober oder Mai, findet weiter unten und auf meiner Webseite mehr dazu.

Hier lebe ich mit den Menschen, deren Sprache ich kaum verstehe, es reicht für das Alltägliche. So kann es nicht vorkommen, über etwas in hitzige Diskussionen zu geraten. Ich weiß nicht, was sie über das Notwendige hinaus glauben und denken. Das häufigste Mittel der Verständigung besteht aus Lächeln. Was braucht man mehr?

08.07.2017

schwein gehabt

Nach dem Ausflug zum Wulong Gong, dem ältesten Tempel in den Wudang Bergen (s. alle anderen Bilder), fanden die Jungs einen Wildschwein -Frischling im Wald. Sofort hab ich im Netz Informationen gesammelt und an erster Stelle hieß es immer: Zurück bringen. Es wird seine Mutter finden.

Ich hab es den Jungs gesagt und sie haben versprochen, es zu tun. Aber dann fanden sie es doch ganz lustig, so ein Schweinchen in der Schule zu haben. Einen Tag lang. Dann kümmerte sich niemand mehr, denn jetzt wurde es ja auch Arbeit. Niemand? Nein - ich natürlich und Marketa aus Prag, die aber nur noch wenige Tage hier ist. Auch ich bleibe nicht ewig und so ist es fraglich, was mit unserem Piggy passieren wird. Wir werden sehen.
Verantwortung übernehmen, das will auch gelernt sein.

p.s. Freunde im benachbarten Dorf nahmen sich des Schweinchens an. Später wurde es vom Abt in den Tempel geholt. Weil es dort die Leute bei der Andacht störte, schickte man es in einen anderen Tempel, wo man mehrere Tiere hatte. Dort verweigerte es die Nahrung und starb.

02.09.2017

innere bewegung

In der Nacht-Szene zu Beginn von Goethes Faust klagt dieser über sein begrenztes Wissen. Nun will er sich der Magie verschreiben, um mit ihrer Hilfe weiter in die Geheimnisse der Natur einzudringen: "Dass ich erkenne, was die Welt, im Innersten zusammenhält. Schau alle Wirkenskraft und Samen und tu nicht mehr in Worten kramen."

Mit Worten lässt es sich wohl nicht beschreiben. Die Menschen haben andere Wege gefunden, tiefe innere Erkenntnisse zu übermitteln. Sie wirken einen stillen Prozess, mitunter auch Erschütterndes. Folgt man dem Weg, dann erlebt man den Wandel. Ist man im Einklang mit Weg und Wandel, offenbart sich das Geheime.

29.09.2017

eintreten in die stille

1992 zog ich von Köln nach Mainz. Bei meinem ersten Stadtbummel stellte ich fest, langsamer zu gehen als in Köln, aber noch immer alle zu überholen. Städte vermitteln ihren Bewohnern unterschiedliche Gehgeschwindigkeiten. Seit meiner Feststellung 1992 hat in den folgenden 15 Jahren die gemessene Geschwindigkeit im Schnitt um 10% zugenommen. Neuere Messungen liegen leider nicht vor.

Auf meiner Tour konnte ich wieder erleben: Mainz ist weiterhin angenehm ruhig, Köln dagegen laut und schnell. In den letzten Wochen war ich in vielen Städten und einige stehen mir noch bevor. Zwischenzeitlich war ich auf dem Lande, deutlich entspannter.

Nun habe ich ja ein gutes Rezept gegen die Überflutung des Gehirns, des Herzens und der Seele. Stille.

Eintreten in die Stille ist der erste Schritt im Qigong und Taiji Quan. Dann reguliert sich der energetische Körper, die drei Dan Tian stimmen sich wieder aufeinander ein und es werden Hirnregionen aktiv, mit denen wir leichter unsere Gefühle wahrnehmen, intuitiv und empathisch werden. Treten wir ein in die Stille verbinden wir uns mit der ewigen Schöpferkraft, mit dem, was wir in China Dao nennen.

Schon Laozi warnte vor zweieinhalb tausend Jahren:

Fünf Farben den Blick blenden
Fünf Töne das Ohr betören
Fünf Würzen den Gaumen trüben
preschen und hetzen das Herz verwirren
forschen und schätzen den Sinn verirren

Was würde er heute sagen?

23.10.2017

kurz vor winter

Ein Gutteil der buddhistischen Lehre besteht darin, uns auf die Bedingtheit aller Erscheinungen und Ereignisse inklusive uns selbst hinzuweisen. Nichts hat eine unabhängige Existenz, alles ist mit allem verbunden. Jeder Grashalm ist an seinem Platz, ist bedingt von den Zeiten, dem Klima, dem Ort, von allem Leben um ihn herum und letztlich dem gesamten Kosmos. Du bist nicht mehr der, der du gestern warst, alles taucht auf und verschwindet wieder in der grenzenlosen Leere.

Die menschliche Gesellschaft scheint all das nicht zu sehen und zu verstehen. Was keine Pflanze, kein Tier nötig hat, erheben wir zum Inhalt unserer Existenz. Wir machen uns gegenseitig abhängig voneinander, in dem Glauben, damit unsere Existenz zu sichern. Dabei ist nichts unsicherer als eine gesicherte Existenz. Die Natur gibt uns alles umsonst und wir machen es zu Geld. Den ständigen Wandel hoffen wir mit einer Bürokratie zu bändigen. Du wirst zur Akte, zum Vorgang, zur Nummer. Der Verwaltungsapparat ist unser Weg zur Unsterblichkeit.

Du bist ein Teil davon, beteiligt. Was kannst du tun? Ruhiger atmen, langsamer gehen, weniger essen, besser schlafen. Die Tore schließen, den Reizen entsagen, nach innen gehen. Der Winter ist eine gute Zeit, damit anzufangen.

28.11.2017

wünsche und gedanken

Was auch immer dein Grund war, Taiji Quan oder Qigong zu praktizieren, wenn du dabei bleibst, läuft es letztlich auf eine Art der Meditation heraus. Jeder weiß, dass Meditation wertvoll ist. Aber die wenigsten wissen, wie sie meditieren sollen. Sicher ist es hilfreich, angenehm und gesund, sich für eine Weile hinzusetzen, zu entspannen und die Gedanken fließen zu lassen oder die Gedanken auf ein bestimmtes Objekt oder Gefühl zu lenken, aber das ist nicht, was wir unter Meditation verstehen.

Meditation bedeutet nicht, dass man sich für eine Weile aus der Wirklichkeit verabschiedet, untätig zu bleiben oder in einem dumpfen Zustand zu verharren. Meditation will uns wach machen, ein ruhiges Herz erzeugen, um uns von den Wünschen und wandernden Gedanken zu befreien, damit wir unser Leben im Einklang mit der Wirklichkeit führen können.

Eine angenehme Ruhe wünsche ich euch.

20.07.2018

übergänge

Wenn wir in Bewegung sind, dann interessieren uns die Übergänge. Wie kommst du von A nach B? Auch im Studium der Formen, Taiji Quan oder anderen, taucht immer diese Frage auf: Wie geht der Übergang?

Das Leben ist ein langer Fluß, es kennt keine Übergänge. Es verändert sich, wandelt sich, ohne Zwischenzeiten, ohne Fugen. Unsere Bewegungskünste sind auch nahtlos. Trennung ist ein Produkt des Geistes. Die Dualität des A nach B aufzuheben, den Zweifel zu beseitigen, das ist der Sinn unserer Mediationen.

28.08.2018

kurz vor der tour

so ist es also recht einfach, glücklich zu werden, indem man andere glücklich macht. Ich denke, dass auch der Umkehrschluss stimmt und niemand glücklich werden kann, der andere unglücklich macht.

Aber was ist das, glücklich sein? Die Biologen erklären es einfach mit ein paar Hormonen, mit ein paar Schaltungen im Hirn. Wieso stimmt dann das oben geschriebene?   Der Mensch ist nun mal nicht nur Sternenstaub, nicht nur Chemie, nicht nur elektrische Impulse. Wir sind auch Geist und wir sind Teil eines viel größeren Zusammenhangs, den wir erahnen, aber nicht erkennen können. Zumindest nicht mit den alltäglichen Werkzeugen, den Sinnen, dem Denkapparat. Aber wir haben Methoden entwickelt, recht unterschiedliche, mit denen der Geist geöffnet werden kann.

Seit über 40 Jahre beschäftige ich mich damit. Ich kann bestätigen: Es wirkt.

01.11.2018

durch den raum

wir besitzen die wunderbare Fähigkeit, uns durch den Raum zu bewegen. In erster Linie ist es hilfreich, um die lebenserhaltenden Funktionen zu bedienen. Wir können dort hin, wo unser Bedürfnis gestillt wird.

Wir bewegen uns nicht nur durch den Raum, um Hunger, Durst, Schlaf und Sex zu befriedigen. Einzelne, Gruppen und Massen sind unterwegs, um sich an einen Strand zu legen, Eiskunstlauf zu betrachten oder vor Bomben, Massakern und Not zu fliehen. Dabei sind wir an unsere physischen Gegebenheiten gebunden. Der Geist kann jedoch frei umherwandern. Raum und Zeit durchdringen und überbrücken.

Ich bin im Norden Thailands, um dort still zu sitzen. Mit dem Körper und mit dem Geist. Als ob ich das nicht überall könnte.

Danach biete ich wieder Möglichkeiten der sanften, langsamen Bewegung an.

30.11.2018

vom reisen

Ob wir uns nun auf eine Reise in ferne Länder begeben oder die Tiefen der eigenen Seele, immer gilt es, den ersten Schritt zu wagen. Immer folgt ein Entfalten, sich öffnen dem Neuen, dem Fremden, dem Anderen gegenüber. Wer sich nicht öffnet kann noch so weit fahren, er bleibt in sich gefangen. Man soll es sich leicht machen, das Reisen. Mit wenig Gepäck, damit die Hände frei sind. Um die Welt begreifen zu können.

Warum soll ich also von meinen vielen Reisen erzählen? Macht selber eine. Kommt mit, nach Chine, auf die Kanaren oder nach Thailand. Reisen bildet, sagt man. Erweitert den Horizont.

22.03.2019

unterwegs

unterwegs sind wir immer, on the road, mit dem Dao. Wie wir es auch nennen, wir ziehen durch das Leben und das Leben durch uns. Wir hinterlassen unsere Spuren in der Welt und spüren die Welt in uns. Wohin wir auch gehen, nehmen wir uns selbst immer mit. Ein kleines Kind erschreckt vor dem eigenen Schatten, mit der Zeit gewöhnen wir uns an ihn. Dennoch bleibt er uns fremd, er ist außen im

Raum ohne selbst Raum einzunehmen. Er passt sich an ohne etwas anzunehmen. Wir haben ihn immer dabei. Er heftet sich einfach an unsere Fersen. Das leichteste Gepäck auf unserer Reise.

Anderes mag da schwerer wiegen, auf den Schultern lasten und den Rücken beugen. Kummer und Sorgen, Bewusstes oder Verdrängtes aus der Vergangenheit und für die Zukunft machen das Dasein im Hier und Jetzt oft schwer. In der Meditation, auch in der bewegten, lernen wir loszulassen, uns zu öffnen und frei zu werden. Damit das auf dem Weg sein leichter wird.

23.04.2019

alles im wandel

Was ist der Mensch, was das Individuum?

Gedanken sind flüchtig, manchmal nur mühsam festzuhalten und ich glaub auch nicht alles, was ich denke. Gelerntes kann wieder vergessen werden, Gefühle haben keinen Bestand, jede Zelle erneuert sich mehrmals während einer Lebensspanne und selbst der genetische Code schreibt sich unterwegs neu. Was wir einst für richtig hielten, haben wir schon längst revidiert. Wahrscheinlich befinden wir uns vorwiegend im Irrtum, aber wir kommen damit zurecht.

Jeder hat ein Bewusstsein von sich und eine Vorstellung vom Anderen. Wenn wir uns gegenseitig respektieren, sollte es eigentlich gut gehen.

In einer Woche bin ich schon wieder in China.

21.05.2019

womit alles anfängt

in meiner allerersten Taiji Quan Stunde erzählte unser Lehrer von Zhang Sanfeng und den Wudang-Bergen. Dass dieser dort Taiji Quan entwickelt hätte. Diese Geschichte habe ich immer wieder gehört und gelesen. Später habe ich ein Qigong gelernt, das sich im Namen auf das Gebirge bezieht. Immer wieder Wudang Shan, bis ich endlich 2005 auf einer Chinareise dort vorbei gefahren bin. Ich dachte einen Berg, einen Tempel, Mönche, Taijiquan vorzufinden. Ich habe viel mehr gefunden, letztlich auch ein gutes Stück Heimat.

Zhang Sanfeng vereinte die traditionelle Kampfkunst mit den daoistischen Methoden der Selbstkultivierung Daoyin. So entstand ein Weg der Selbstverteidigung, Heilung und Meditation; eine einzigartige Kombination. Sie zu erlernen ist eine hohe Kunst.

02.10.2020

nicht normal

Alle warten darauf, dass wir endlich zurückkehren zur Normalität. Aber wir können nicht zurückkehren zur Normalität, weil es nie eine Normalität gab. Vielleicht kommt uns der gegenwärtige Zustand etwas verrückt vor, manches erscheint uns unverständlich, nicht logisch, sinnlos.

Aber gibt es etwas sinnloseres als einen Krieg? Gibt es etwas Verrückteres, als Menschen ihres Wassers zu berauben, um es in Plastikflaschen an Menschen zu verkaufen, die sauberes Trinkwasser durch ihre Toiletten spülen?

Eine endlose Liste könnte ich aufstellen von sinnlosen, verrückten, nicht logischen Verhältnissen, die wir als Normalität hinnehmen. Normal wäre es, sich ruhig hinzusetzen und zu warten, bis das Wasser sich klärt. Aber wir rühren und rühren und rühren. Alles zum Wohle der Menschheit. Wir müssen damit leben, dass das alles, das gesamte Leben, nicht normal ist.

03.11.2020

pssst…

Kurt Tucholsky, den ich schon in meiner Jugend schätzen lernte, schrieb einmal den Satz: „Es gibt vielerlei Lärme. Aber es gibt nur eine Stille."

Als den lautesten oder störendsten Lärm empfinde ich die Parade der Gedanken, die ungefragt in meinen Geist marschieren. Unablässlich, wenn man nicht Einhalt zu gebieten weiß. So sagte ein anderer kluger Begleiter, der Komponist John Cage:
"Für mich ist Stille im Wesentlichen das Aufgeben jeglicher Absicht."
Das ist eine feine Beschreibung von Meditation.

07.12.2020

zurückblicken

John Lennon, der vor 40 Jahren, am 8. Dezember in New York erschossen wurde, hat kurz und bündig gesagt, was von großen Philosophen umständlicher formuliert worden ist. Leben ist genau das, was jetzt passiert.

In diesem Jahr 2020 hat sich gewiss jeder mal gewünscht, gerade woanders zu sein. An einem anderen Ort, in einer anderen Zeit. Wie ungeduldig wir geworden sind. Wenn es auch manch einem nicht so vorkommen mag, ich bin überzeugt, in der besten Welt, der besten Zeit, der besten Epoche der Menschheit zu leben. Was nicht heißen soll, damit aufzuhören, die Welt noch besser zu machen. Auf jeden Fall soll es heißen, den Augenblick in seiner ganzen Fülle zu genießen. Jeden Augenblick.

Imagine

06.01.2021

der wanderer

Die letzten Jahre waren sehr bewegt für mich. Reisen über Reisen. Ich war ständig unterwegs und nirgends Zuhause.

Dann habe ich das Haus auf Teneriffa gemietet. Ein Platz, an dem ich mich wohl fühle. Eine Stätte für Übende, Training im Park oder auf der Terrasse, Ausflüge in die Berge oder ans Meer. Das war der Plan.

Unser Hausberg, der Teide, ist ein Vulkan. Feuer auf dem Berg.Im Yi Jing ist dies das Bild des Reisens.

Bescheidenheit bringt Gnade
Reisen
Hingabe und Glück
Feuer bewegt sich und entspricht dem Reisen.
Der Berg bewegt sich nicht, er entspricht der
Hingabe.

Corona hat mich wenig zuhause sein lassen. Ich bin wieder gewandert im letzten Jahr. In Deutschland und auf Teneriffa. Viele Wanderungen habe ich gemacht. Zu Fuß und per Rad.

…

Nur wenige Seminare waren möglich. So habe ich, um das Wissen wandern zu lassen, viele kleine Videos produziert. Ein kompletter Lehrgang Diamant Qigong sowie viele einfache Übungen, nicht nur für die Qigong/Taiji Praxis. Weitere werden folgen. Da es derzeit die einzige Form des Unterrichtens für mich ist, habe ich einen Spendenpool eingerichtet. Ich danke allen, die sich bisher dort beteiligt haben. Es hilft ein wenig über die Runden.

Natürlich hoffe ich auf baldige Besserung unserer Situation und wieder auf gute, alte, traditionelle Seminare und Gäste auf Teneriffa.

…

Das Yi Jing sagt auch:

Ein Wanderer hat nur wenige enge Freunde, daher darf er nicht hochmütig sein. Sei bescheiden und zurückhaltend, verhalte dich umsichtig und großzügig anderen gegenüber; das bringt Gnade.
Bist du auf Reisen, gibt es keine feste Bleibe, doch der WEG ist immer da. Tust du das Rechte, am rechten Ort und mit den rechten Menschen, lebst du in Frieden, du folgst dem WEG, und es gibt Glück.

05.02.2021

der ochse

Wir durchleben eine außergewöhnliche Zeit. Für manch einen mag das Leben, die Existenz, beunruhigend sein. Wenn das so ist, dann geh in einer klaren Nacht ins Freie und schau dir den Sternenhimmel an. Das sollte deine Probleme beantworten.

Ein kluger Mensch beruhigt seinen Geist so, wie das Universum die Sterne in ihrer Bahn hält. Indem du den Geist mit dem Ursprünglichen verbindest, beruhigst du ihn. Ist er ruhig, kann er sich öffnen und schließlich wird er so weit wie der nächtliche Himmel, grenzenlos und unermesslich.*

Am 12. Februar beginnt das chinesische Jahr des Ochsen. So gehen wir langsam und bestimmt weiter, ohne anzuhalten. Nun beginnt auch der Frühling, die Energie kehrt zurück, Himmel und Erde bewegen sich aufeinander zu. Die Müdigkeit fällt ab und wir können neue Projekte angehen. Pflügen und säen.

...

03.03.2021

die mitte

Erleuchtung oder Verblendung, diese beiden liegen nah beieinander. Wir können es in dieser Zeit besonders deutlich erleben. Wenn wir die Wahrheit in ein Gefäß giessen, sie zur Doktrin erheben, eine Religion oder Lehre daraus machen, dann stiften wir letzlich nur Verwirrung. Es gibt sie nicht, die eine Wahrheit, die für alle gültig ist.

Aber eigentlich wollte ich über die Mitte schreiben. In einem grenzenlosen Universum gibt es keine Mitte. Deshalb kann es immer nur deine Mitte sein, die für dich gültig ist. An der solltest du dich halten, an keiner anderen. Nichts und niemand kann dir etwas Besseres bieten. Alles andere führt dich in die Irre.

01.04.2021

die leere

Damals hatte ich eine Studentin in meiner Taijiquan Schule in Köln, die ein Ensemble für mittelalterliche Musik leitete. Eines Tages sprach sie mich darauf an, ihre Bewegungen zu betrachten, die sie bei einer Aufführung zu machen gedenke.

Es handelte sich um die Passionsgeschichte, also die

Kreuzigung Jesu und die Wiederauferstehung. Sie machte die Bewegungen bzw. ihre Posen nach Vorlage mittelalterlicher Bilder und ich fand, es sähe scheußlich aus. So kam es, dass ich das ganze Stück choreografierte, für das gesamte Ensemble.

Wir hatten drei Aufführungen damit. In der Schlussszene treten drei Apostel vor und zeigen das leere Grabtuch. Erst bei der letzten Aufführung wurde mir klar, dass das die wichtigste Szene, die eigentliche Botschaft der Geschichte war.

Wie schön, wie entspannend wäre es, wenn die Kirche das leere Grabtuch zum Symbol gewählt hätte, statt einen geschundenen, sterbenden Mann am Kreuz. Wenn wir als Erlösung die Leere betrachten würden und nicht den Leichnam. Vielleicht wäre die ganze Kulturgeschichte des Christlichen Abendlandes anders verlaufen, ruhiger, friedlicher.

p.s. Als ich nach Bildern suchte, um diese Sendung zu illustrieren, wurde ich vorwiegend mit dem negativen Aspekt der Leere konfrontiert. Leere als etwas Bedrohliches, sei es die äußere oder die innere Leere.

Leere Herzen, leere Innenstädte, leere Klopapierrollen.

Das hat mir zu denken gegeben.

02.05.2021

üppiges wachstum

Nach der „Leere" der letzten Sendung, auf die ich einige sehr interessante Rückmeldungen bekommen habe (Danke dafür), betrachten wir nun das üppige Wachstum des Sommers.

Im chinesischen Kalender ist nach dem Zodiakalzyklus der Sonne jede Jahreszeit (Shi) in sechs Phasen gegliedert. Die Jahreszeiten beginnen in diesem Kalender früher als bei uns. So beginnt zum Beispiel der Sommer um den 6. Mai.

Die drei Monate des Sommers nennt man die Zeit des üppigen Wachstums. Der Atem von Himmel und Erde verbindet sich und ist wohltuend. Alles ist in Blüte und beginnt, Früchte zu tragen.

Nach einer Nacht voller Schlaf sollen die Menschen früh aufstehen. Sie sollen nicht über den Tag ermüden und ihre Gedanken sollen frei bleiben von Ärger.

Sie sollen den besten Teilen ihres Körpers und Geistes erlauben, sich zu entfalten, sie sollen ihrem Atem ermöglichen, mit der Außenwelt zu kommunizieren und sie sollen so handeln, als würden sie alles außerhalb lieben.

Das ist alles in Harmonie mit der Atmosphäre des Sommers und alles ist zum Schutz der eigenen Entwicklung.

Vor 70 Jahren starb der außergewöhnliche Philosoph Ludwig Wittgenstein. Er wurde berühmt mit dem Schlusssatz des „Tractatus": „Wovon man nicht sprechen kann, darüber muss man schweigen."

Wenn er auch nicht, wie erhofft, damit alle Fragen der Philosophie gelöst hatte, so hat er doch zumindest auf etwas entscheidendes hingewiesen: Es wird zu viel geredet.

Sein Kommentator Wilhelm Vossenkuhl meint dazu: „Wir müssen uns eingestehen, wir kennen uns nicht aus, ob wir Philosophen sind oder Physiker oder Taxifahrer."

04.06.2021

der herzschlag

Taijiquan und Qigong haben unendlich viele Aspekte. Ein Leben würde nicht ausreichen, alles zu studieren. Aber es muss etwas geben das alles miteinander verbindet, das Zentrum, das Herz des Ganzen. Das interessiert mich. Wenn ich ganz still bin, überhaupt nicht darüber nachdenke, dann höre ich manchmal dieses Herz schlagen.

Richtige Meditation ist mühelos. Sie erfordert keine Anstrengung, keine besonderen Vorkehrungen oder Settings. Wenn du einfach so meditieren kannst, dann ist es richtig. Wenn du meditieren gelernt hast, wenn du dich überall versenken kannst, dann ist es dennoch schön und erleichternd, sein Setting zu schaffen, einen angenehmen Platz aufzusuchen, vielleicht die passende Musik zu haben. Aber das ist nicht wichtig zur Meditation und das ist auch nicht wichtig für den Fortschritt. Man muss das wissen und auseinander halten.

25.06.2021

sprachlosigkeit

Stell dir vor, du lernst ein Gedicht in einer dir völlig fremden Sprache. Selbst wenn dir ein Wort bekannt vorkommt, weil es einem deiner Sprache ähnelt, darfst du sicher sein, dass es reiner Zufall ist. Diese Sprache hat nichts mit deiner gemein. Du wirst dieses Gedicht nie verstehen können, auch wenn dir der Rhythmus, die Melodie gefällt. Du wirst es wahrscheinlich auch nie richtig aussprechen und selbst nach Jahren magst du dich noch verhaspeln. Es wird dir nie selbstverständlich über die Lippen kommen.

So ähnlich verhält es sich mit der Praxis des Qigong und Taiji Quan. Ohne jemals die Sprache, deren Grammatik gelernt zu haben, praktizieren Tausende diese Kunst, in dem guten Glauben, zu wissen was sie da tun. Ohne zu ahnen, dass sie es nicht wissen.

Du musst die Sprache lernen, du musst die Grammatik lernen. Du musst wissen, was die einzelnen Bewegungen bedeuten, warum und wie du einen Schritt machst, warum und wie eine Armgeste. Nur dann kannst du Qigong und Taiji Quan ausüben, so selbstverständlich, wie du in deiner Sprache sprichst. Ohne zu stammeln, ohne zu stottern, ohne nach den richtigen Worten suchen zu müssen.

Ein Gedicht transportiert die eigentliche Botschaft zwischen den Zeilen. Der kunstvolle Umgang mit der Sprache möchte etwas in uns ansprechen, anklingen lassen, was sich nicht einfach mit Worten sagen lässt. Wie eine Melodie Freude, Sehnsucht oder Trauer zum Ausdruck bringen, Mut machen oder die Seele zu höheren Gefilden schweben lassen kann, so helfen die Formen des Qigong und Taiji Quan bei der inneren Entwicklung, der Selbstkultivierung des Menschen. Dazu muss man sie verstehen.

02.08.2021

die früchte langer arbeit

In einem kürzlichen statt gefundenen Gespräch ging es um die Frage, ob es denn notwendig sei, immer wieder neue Formen zu erlernen. Ich habe wahrscheinlich schon mehr Formen wieder vergessen, als die meisten von euch jemals lernen werden. Ich denke, darin steckt schon ein gutes Stück der Antwort.

Es ist schön und es ist hilfreich, verschiedene Formen kennenzulernen. In der Vielfalt der Angebote steckt das Potenzial, das Beste für dich zu finden. Außerdem lässt sich im Überblick das Wesentliche leichter herauslesen.

Das Wesentliche ist es, was mich hauptsächlich interessiert. Nicht so sehr die Formen, nicht so sehr die Theorien. Doch sie sind das Fleisch und das Blut, in denen die Seele lebt. Sie sind es, worüber wir reden können.

Deshalb arbeiten wir mit den Formen. Und - es müssen nicht viele sein. Es ist besser, in die Tiefe, als in die Breite zu gehen.

26.08.2021

spuren im sand

Was ich in 45 Jahren über Taijiquan, Qigong und Verwandtes gelernt habe, das habe ich für mich gelernt. Es war nie meine Absicht, zu unterrichten. Es kam nur sehr schnell dazu, einfach weil die Leute damals neugierig waren und es wenige Lehrer gab.

Ich war auch gerne bereit, obwohl es nicht viel war, was ich wusste. Eigentlich wusste ich nichts. Aber es hat mir gefallen, Menschen zu unterstützen bei ihrem Wunsch, sich zu verbessern. Denn letztlich geht es doch darum, ein guter Mensch zu werden. Ein besserer Mensch, wenn möglich. So begaben wir uns gemeinsam auf den Weg. Mit jedem auf seinen Weg.

Inzwischen helfen mir natürlich die 45 Jahre Erfahrung. Mir, nicht dir. Denn du musst deinen Weg gehen, ich kann keine Abkürzung für dich sein. Vielleicht kann ich darauf achten, dass du dich nicht verläufst, aber auch ich kann dir nicht alle Irrtümer ersparen. Es kommt nicht darauf an, was der Lehrer sagt, sondern, was der Schüler versteht.

Wenn ich dich unterrichte, dann geht es nicht um die 45 Jahre, die ich hinter mir habe, sondern um die Jahre, die du vor dir hast.

29.09.2021

die sache mit dem apfelbaum

Mein Freund T. fragte, was man denn tun könne, damit mehr Menschen die Prinzipien des Qigong verstehen und in ihr Leben integrieren. Denn er sieht sich selbst nicht in der Rolle eines Qigong Lehrers. Ich habe eines meiner liebsten Bilder zu dem Thema hervorgeholt.

Ein Apfelbaum produziert seine Äpfel, um sich fortzupflanzen. Aber nur aus sehr wenigen Äpfeln wird ein neuer Baum. Die meisten werden Kompost oder Kompott, werden Nahrung für viele verschiedene Lebewesen, unter anderem in der von mir geschätzten Form des gedeckten Apfelkuchens mit Sahne.

Nicht jeder, der Qigong praktiziert, muss und sollte es weiter unterrichten. Sehr wichtig sind jene Menschen, die fähig sind, es umzuwandeln in eine Form, die anderen erlaubt, ihr Leben damit zu erhalten und zu bereichern.

Die menschliche Gemeinschaft befindet sich an einem gewaltigen Wendepunkt. Die materialistische, an Wachstum und Erfolg orientierte Weltanschauung hat uns in die Globalisierung geführt und in der erkennen wir, dass es so nicht weiter geht. Wenn wir überleben wollen, wird ein tiefgreifender Wandel im Bewusstsein stattfinden müssen. Vielleicht können die Prinzipien des Qigong und Taiji Quan helfen.

Und Du auf deine Weise auch.

Tu was du kannst,

01.11.2021

der alte Klee

Der Maler Paul Klee soll einmal zu seinen Studenten gesagt haben: „Nicht nach der Natur sollt ihr arbeiten, sondern wie die Natur."

Wie arbeitet die Natur? Ich denke, der wichtigste Unterschied zum vom Menschen Geschaffenen besteht darin, dass die Natur immer von innen heraus schafft. Alles wächst und entsteht von innen nach außen.

Du könntest ein Vermögen machen, wenn es dir gelingt, ein drei mal drei Zentimeter großes Objekt einzupflanzen, zu wässern und nach einem Jahr steht dort ein Einfamilienhaus.

So aber arbeitet die Natur. Sie entwickelt sich. Im Samen ist das Potential der Blume, des Baums, des Lebens enthalten. Dieses Potential entfaltet sich und pflanzt sich fort. So arbeitet die Natur. Sie schafft es aus sich, von selbst. Das sagt der chinesische Begriff Ziran 自然: Von selbst, aus sich heraus, natürlich. So sollen wir leben. Das ist das daoistische Ideal.[5]

---

[5] Fortsetzung im Anhang „Große Zahlen"

wie es uns gefällt

Wie es in Spanien üblich ist, habe ich das rote Haus mit der gesamten Einrichtung übernommen. Es ist vieles nicht so, wie ich es selbst gemacht oder gekauft hätte und nach und nach ändert es sich. Unter anderem gibt es eine kleine Vase. Sie ist absolut nicht mein Stil. Nie würde ich mir eine solche Vase anschaffen. Aber sie ist nun mal da. Ein Gegenstand ohne großen Wert, den ich auch weg werfen könnte. Aber sie stand da und bot sich an, ein paar Stift in ihr zu verwahren, auf dem Schreibtisch, immer griffbereit. Wenn ich sie genau betrachte, kommt mir ihre Erscheinung noch absurder vor. Jemand hat das Ding hergestellt und gut gefunden und jemand hat es ebenfalls gut gefunden und gekauft. Es fällt mir schwer, mich in diese Menschen hinein zu versetzen. Das Ding ist in meinen Augen nicht schön. Aber ich lebe damit.

So leben wir mit vielen Dingen, mit Menschen, mit Ereignissen, die wir nicht gut, nicht schön, nicht richtig finden. Diese anderen Menschen leben mit dem, was wir tun, in die Welt setzen und wie wir sind.

während die wellen kommen

Wellen kommen, aber sie gehen nicht. Wenn sie hoch genug werden, brechen sie und laufen aus, gefolgt von der nächsten Welle. So kommt eine nach der anderen, spülen Mitgebrachtes an Land und holen sich Land. Sie spülen an die Ufer der Kontinente, in gleichmäßigem Takt, seit Millionen von Jahren. Sie rollten heran, noch bevor Leben auf unserem Planeten in den Windeln lag. lange bevor an Menschen zu denken war, Sie werden ihren gemütsfreien Dienst noch lange nach dem Gastspiel der Menschen verrichten, sofern sie nicht einfrieren.

Wir Menschen freuen uns, wenn unser Planet eine Runde um das Zentralgestirn beendet hat und eine neue Runde beginnt. Wir wundern uns, dass das Jahr so schnell vergangen ist, aber immerhin sind wir auf unseren Runden mit 108.000 km/h unterwegs. Dagegen sind die Schleuderschaukeln moderner Vergnügungsparks Pillepalle.

Wir wissen das alles, aber in unserem Alltag spielt es keine Rolle. Wir streiten statt dessen über Impfungen, die aber wieder an Bedeutung verlieren, wenn wir den Hausschlüssel nicht finden oder der Schnürsenkel reisst. Während die Wellen kommen, eine nach der anderen.

20.03.2022

friedenserwachen

Taiji Quan und Qigong, das ist etwas, das machst du ganz für dich. Nur für dich. Es geht um deine Gesundheit, um deine innere Harmonie und dein seelisches Gleichgewicht.

Es ist aber eine chinesische Weisheit, dass du selbst mit dir in Einklang sein musst, wenn du Harmonie in der Familie möchtest.

Wenn in den Familien Harmonie vorhanden ist, kann das ganze Land blühen und wenn es allen Ländern gut geht, dann herrscht Frieden auf der Welt.

Du siehst, wie dein Taiji Quan, wie dein Qigong Friedensarbeit ist. Hör nicht auf, arbeite hart. Unsere Zeit braucht es. Jeder Moment der Stille, den wir in die Welt tragen können, schwächt den Sturm des Hasses, der Bosheit und des Unfriedens.

31.03.2022

glaube - liebe - hoffnung

Die Hoffnung, sagt man, stirbt zuletzt. Die Hoffnung ist unser Anker, der uns sichern soll, wenn die Stürme des Lebens zu heftig werden. Wir hoffen und glauben fest daran, dass es zu Ende geht, dass es einmal besser wird. Es ist eine Zeit, in der die Hoffnung sehr gebraucht wird.

Paulus von Tarsus schreibt in seinem 1. Brief an die Korinther zum Schluss des 13. Kapitels: „Nun aber bleiben Glaube, Hoffnung, Liebe, diese drei; aber die Liebe ist die größte unter ihnen."

Das ganze Kapitel, genannt das „Hohe Lied der Liebe" ist sehr lesenswert.*

Vor einigen Tagen habe ich von diesem Symbol geträumt. Aber es fehlte der Glauben und Thema des Traums war es, ihn wieder zu integrieren. Der Glaube ist eine Form des für wahr Haltens, die sich deutlich abgrenzt von Meinen oder Wissen. Den Glauben zu ändern, fällt äußerst schwer. In den tiefen Schichten des Geistes ist es uns mitunter nicht einmal bewusst, was wir glauben und wieso.

Wir orientieren unser Leben an dem, was wir im Innersten für wahr halten, unabhängig davon, ob es eine objektive Begründung dafür gibt.

„Aber die Liebe ist die größte unter ihnen." Das ist wohl wahr.

Bewahrt sie in euren Herzen.

getretner quark wird breit, nicht stark

Welchen Quark Herr Goethe meinte, weiß ich nicht, aber der Satz legt zumindest nahe, dass in der Breite keine Stärke zu finden sei. Als Lehrer muss ich eine gewisse Breite anbieten können, um unterschiedliche Interessen bedienen zu können. Man soll die Leute ja dort abholen, wo sie sind.

Dann mache ich eine Weile immer die gleiche Taiji-Form, dann mal wieder eine andere. Aber ich mache schon lange nichts Neues mehr. Das letzte, was ich neu gelernt habe ist Tai Yi Wu Xing Quan, vor 6 Jahren. Ich habe es aber noch niemandem unterrichtet.

Vor Jahren hatte ich eine Brieffreundschaft mit einer Chinesin aus Beijing. Sie wollte Deutsch und ich Chinesisch lernen und sie praktizierte auch Taiji Quan. Sie benutzte immer den Begriff „rezitieren", als sei die Taiji Form ein Gedicht, ein Gebet. Über das wiederholte rezitieren dringt der Sinn langsam in dich ein. Nach und nach wirst du erfüllt. Jagst du jedoch immer wieder neuen Formen hinterher, bleibst du ständig an der Oberfläche. Dann kennst du viele verschiedene Formen, aber du hast keine wirklich verstanden.

Wenn wir die Künste üben, kommen wir früher oder später unweigerlich mit der chinesischen Philosophie in Berührung; mit den Gesetzen von Yin und Yang, dem Yi Jing, Laozi, Zhuangzi und so weiter.

Das alles soll und mag uns helfen auf unserem Weg, unseren Wegen, als Landkarten, Wegweiser, Navigationssysteme.

Nun komme ich immer mehr zu der Überzeugung, dass wir das alles nicht brauchen. Keine Philosophie, keine Meditationen, keine Formen, keine Lehren.

„Die Fähigkeit, seinen Gegner zu besiegen, ist unbedeutend. Die Fähigkeit, Krankheiten zu heilen, ist unbedeutend. Das Qi zu leiten und zu führen, im Inneren wie im Äußeren, ist unbedeutend.

Das alles ist nur die Oberfläche des Dao. Es sind keine Wege zur höheren Kultivierung, sondern nur eine kleine Tür. Doch diese Tür kann ein Zugang sein." [6]

Ein Zugang, um einmal den Blick nach Innen zu wenden. Ehrlich, aufrichtig und ohne Scham. Um zu erkennen: Das bin ich, das ist mein Leben.

Vielleicht ist es genau das, was Immanuel Kant meinte mit:

„Zwei Dinge erfüllen das Gemüt mit immer neuer und zunehmender Bewunderung und Ehrfurcht, je öfter und anhaltender sich das Nachdenken damit beschäftigt: Der bestirnte Himmel über mir und das

---

[6] Ursprung und Entwicklung des Dao, Autor mir nicht bekannt.

moralische Gesetz in mir. Ich sehe sie beide vor mir und verknüpfe sie unmittelbar mit dem Bewusstsein meiner Existenz."

Ich weiß, dass dieser Brief lang und widersprüchlich ist, wenn ich einerseits die Besinnung auf Weniger lobe und andererseits neue Formen anbiete. Aber so ist es nun mal. Man muss durch die Vielfalt gegangen sein, um das Einfache zu schätzen. Und man muss das Einfache, das Grundlegende begriffen haben, um sich nicht in der Vielfalt zu verlieren.

05.06.2022

mit leeren händen

Wir kommen hierher, in diese Welt, nicht wissend, woher wir kommen. Und wir kommen mit leeren Händen. Irgendwann verlassen wir diese Welt, nicht wissend, wohin. Und wir gehen mit leeren Händen. Wir finden alles vor, doch wir sind nie zufrieden. Jede Generation möchte die Welt besser machen. Wir können nichts hinzufügen und nichts wegnehmen. Wir wälzen alles um, beteiligen uns am ständigen Wandel. Obwohl wir nichts mitnehmen werden, streiten wir um das, was vorhanden ist.

Wir haben vergessen oder nicht erkannt, dass wir nicht wegen der Dinge hier sind, sondern wegen uns. Weil wir Körper geworden sind, können wir uns erfahren. Wir erfahren uns als liebevoll, hilfsbereit und gütig. Oder als gierig, grausam und dumm. Du entscheidest jeden Augenblick aufs Neue, wie wir dich erfahren.

05.07.2022

fröhlich, freundlich und hilfsbereit

Wir kommen gerade aus einem Paralleluniversum. Alles in allem innerhalb 24 Stunden von Deutschland aus erreichbar. Dort leben Menschen mit einem durchschnittlich monatlichen Einkommen von umgerechnet 200 €. Das heißt, sie haben einen guten Lebensstandard. Die meisten können sich ein Moped leisten und sind findig in den Möglichkeiten kleiner Nebenverdienste. Fast alle Kinder und Jugendlichen genießen Schulbildung. Allerdings ist nur die Grundschule kostenlos, Schuluniform, Bücher etc. muss gekauft werden. Die Kinder verkaufen deshalb gerne geflochtene Bändchen an Touristen, um sich die Schule leisten zu können.

Die meisten Menschen verdienen ihr Geld direkt oder indirekt durch den Tourismus. Wegen der Pandemie waren sie zweieinhalb Jahre ohne Einkommen. Es gab keine staatliche Unterstützung. Das Sozialsystem heißt Familie. Man lässt kein Mitglied hängen. Die Menschen dort waren durchweg fröhlich, freundlich und hilfsbereit.

Ziemlich zum Anfang unserer Reise habe ich mit einem Mann gesprochen, der einen Freund aus München hat. Von dem weiß er, dass die Deutschen zur Zeit große Probleme haben. Weil das Benzin teurer geworden ist. Ja, bei ihnen ist das Benzin ebenfalls teurer geworden, aber das ist kein Problem.

Ziemlich zum Ende unserer Reise haben wir ein Paar kennengelernt, das seit fünf Jahren in Indonesien lebt. Sie sind beide Architekten und können Online arbeiten. Auch mit einem Langzeitvisum muss man nach zwei Jahren das Land verlassen und von außerhalb ein neues Visum beantragen. Sie sind dazu auf die Philippinen nach Manila gereist. Weil die Bearbeitung des Antrags vierzehn Tage dauert, sind sie mit kleinem Gepäck auf eine kleine Nachbarinsel gezogen. Als sie dort waren, kam Corona. Sie durften die Insel nicht verlassen. Sie saßen fest in einer kleinen Bambushütte, zum Glück mit gutem Internet. Nur eine Person durfte ein Mal die Woche zum Einkauf auf den Markt. Ihr Vermieter exportiert Krokodilfleisch. Er hatte die Kühlschränke damit voll, aber durfte es nicht ausführen. Deshalb verkaufte er es ihnen zum Preis von Hühnerfleisch. So bekam er wenigstens etwas Geld und die beiden lebten von einer Delikatesse. Sie bekamen Denguefieber, danach konnte die Frau drei Monate nicht laufen. Sie bekamen Corona, haben es gut überstanden. Auch diese beiden waren gut gelaunt. Sie wissen, dass man mit wenig auskommen kann und wenn man an nichts hängt, man nichts verlieren kann.

Wir sind zurück aus dem Paralleluniversum und wünschen uns, dass die Menschen hier wieder fröhlich, freundlich und hilfsbereit sind.

07.08.2022

im zwischenraum

es ist viel los, in der Welt, im Privatleben. Alles ist in Bewegung. Und mir stellt sich die Frage, was Bewegung eigentlich ist. Etwas verändert seine Position im Raum. Ist das die Bewegung oder ist es das Ergebnis der Bewegung? Woher kommt die Bewegung? Das kann verschiedene Ursachen haben. Der Wind bewegt die Bäume, Durst lässt mich zum Getränk traben, die Gier eines Mächtigen setzt ganze Truppen in Bewegung. Aber was ist die Bewegung?

Wisst ihr was ich meine?

Wir können über die Ursachen sprechen und über das Ergebnis, aber das Eigentliche erscheint mir kaum greifbar. Heute habe ich im Unterricht gesagt, dass sich die Teile des Körpers nur bewegen können, weil sich zwischen ihnen Gelenke befinden und das

Wichtigste eines Gelenks sei, dass da irgendwo nichts ist. Ein Zwischenraum. Bewegung ist nur da möglich, wo wir ihr Raum geben. Aber ich weiß noch immer nicht, was Bewegung ist. Also habe ich nachgeschaut.[7]

Es werden verschiedene Arten von Bewegung beschrieben. Auch Ursachen und das Ereignis (die Änderung des Ortes eines Massenpunktes oder eines physikalischen Körpers mit der Zeit.)

Bewegung ist Leben – Leben ist Bewegung.

Seit Jahrzehnten beschreibe ich Taiji Quan als eine Meditation in Bewegung - was Bewegung ist, fällt mir heute auf, das weiß ich nicht. Ich weiß aus eigener Erfahrung, dass diese Art der Bewegung in die Ruhe führt. Welche als das Gegenteil der Bewegung genannt wird.

Studieren wir die Bewegung und die Ruhe.

01.09.2022

das ungeformte chaos

Wenn wir uns auf etwas konzentrieren, unsere Aufmerksamkeit auf einen bestimmten Sachverhalt fokussieren, dann blenden wir den gesamten Rest des

---

[7] https://de.wikipedia.org/wiki/Bewegung_(Physik)

Lebens aus, seine Fülle, seine Schönheit, seine Widersprüche, das ganze restliche Sein blenden wir aus.

Wenn du dich darum sorgst, ob du ausreichend versichert bist, dann denkst du nicht an die überraschenden Aspekte, die Geschenke der Liebe, die glücklichen Augenblicke, du siehst nur die möglichen Katastrophen.

Wenn dein Kind in der Schule eine schlechte Note bekommt, dann siehst du nicht all die anderen wunderbaren Fähigkeiten, die dein Kind hat, du siehst nur sein Versagen und hast Angst um seine Zukunft.
Es gibt unzählige Beispiele.

So funktioniert unser konditionierter Geist. Wir betrachten einen kleinen Ausschnitt und in dem Moment ist er das gesamte Universum.

Wenn wir Qigong und Taiji Quan praktizieren, dann vergessen wir anfangs auch alles andere, weil wir mit den Bewegungen beschäftigt sind. Dann konzentrieren wir uns auf den Fluss der Bewegung und auf den inneren Prozess.

Aber danach, als wären wir durch ein kosmisches Wurmloch geschlüpft, offenbart sich uns die gesamte Fülle des Daseins. Wir können Eins werden, uns verbinden mit der gesamten unbegreiflichen Struktur oder dem ungeformten Chaos, aus dem die Wirklichkeit gewebt ist. Gibt es ein größeres Glück?

01.11.2022

am rande einer galaxie

Es gibt eine Menge esoterischen Unfug über die Praxis des Taiji Quan und Qigong. Manche Leute mögen das brauchen, um sich zu motivieren, andere, um sich davon fern zu halten. Der Mensch liebt es mehr, sich selbst als andere zu belügen.

Dieses Leben ist eine kurze, flüchtige Angelegenheit. Wir verstehen es nicht. Es macht keinen Sinn angesichts der grenzenlosen Weite des Universums, der unvorstellbaren Zeitspanne seiner Existenz. Was sind da 80 Jahre auf einem kleinen Planeten am Rande einer Galaxie. Dennoch sind diese Jahre uns wertvoll. Wir wollen sie nicht verschleudern, wollen das Beste daraus machen und dann verstricken wir uns in Kleinigkeiten, Eitelkeiten, Einzelheiten, über die wir streiten.

Man braucht keinen esoterischen Unfug, um zu verstehen, dass alles sehr einfach sein könnte. Neulich gingen wir an der Küstenpromenade entlang und es gab einen besonders schönen Sonnenuntergang. Viele Menschen standen dort und erfreuten sich daran. Menschen unterschiedlichen Alters, Herkunft, Gesinnung. In dem Moment waren wir alle gleich, wir waren vereint in der gemeinsamen Freude an der Schönheit des Daseins.

Es könnte sehr einfach sein.

aus den schubladen

Wir versuchen manchmal, Taiji und Qigong einzu-ordnen. Es passt nicht in herkömmliche Schubladen oder, genauer gesagt, passt es in einige, aber nie wird es in seiner Gänze erfasst.

Sport, Gymnastik, Kampfkunst, Selbstverteidigung, Gesundheit, Meditation, Spiritualität, Esoterik….um nur einige zu nennen.

Für mich sind es Künste. Wahrscheinlich, weil ich von meinem Wesen her Künstler bin. Ich bin weder Sportler noch bin ich Esoteriker. Letzteres eher als Ersteres.

Wenn wir uns darauf einigen, es könnte eine Kunst sein, so wissen wir jedoch nicht, was denn Kunst ist. Kunst ist nicht greifbar. Man kann nicht den Finger drauf legen, es ist ein Phänomen wie die Liebe. Wir kommen so nicht weiter. Wir wissen bei den meisten Erscheinungen und Ereignissen nicht, was sie sind, wir können immer nur das Äußere beschreiben und uns darin befleißigen, die Unterschiede heraus zu arbeiten. Dann stellen wir fest, dass es sehr viel ver-schiedene Verständnisse von Kunst, von Meditation oder Sport geben kann. Ich denke, es ist in Ordnung, das einfach so stehen zu lassen und nicht dem Irr-tum zu verfallen, es gebe ein richtiges Verständnis. Im besten Falle, das eigene.

29.12.2022

respekt und achtsamkeit

Mitunter werde ich gefragt, warum ich keine Hülle um mein Smartphone habe. Noch nicht mal ein „Schutzglas".

Die Antwort ist einfach. Da haben sich ein paar Leute in Cupertino bei San Francisco eine Menge Mühe gegeben, dieses elegante, schlanke Design mit der gewünschten Technologie in Einklang zu bringen.

Ich respektiere diese Arbeit.

Ich klicke keine Plastikhülle über das Gerät, die es aussehen lässt als wäre es 1984 in der Sowjetunion gebaut worden oder als hätte ich es auf dem Rummelplatz geschossen.

Um mein Smartphone zu schützen gehe ich achtsam damit um. So einfach ist es.

Diese beiden Tugenden, Respekt und Achtsamkeit, im Umgang mit den Mitmenschen und den Dingen, schaffen beinahe den Himmel auf Erden.
Sie offenbaren eine Botschaft der Harmonie und Natürlichkeit im Handeln. Sie lehnen Schein und Künstlichkeit ab und führen zu einem einfachen Leben in einer einfachen Umgebung. Sie bringen dich in eine aufrechte, innere Haltung. Du wirst von selbst freundlicher, liebevoller und glücklicher.

Probiere es aus. Fang mit deinem Smartphone an. Es ist einfach.

liegt die zukunft in den sternen?

in Filmen oder Romanen über **Zeitreisen** bewegen sich mitunter die Agenten in die Vergangenheit, um durch Verändern einer Kleinigkeit unsere Gegenwart massgeblich zu beeinflussen. Aber wer kommt schon auf die Idee, durch Verändern einer Kleinigkeit in der Gegenwart die Zukunft zu beeinflussen?

Als ich das erste Mal nach Wudangshan kam, lernte ich den alten Jia in der Höhle des Prinzen kennen. Ein Einsiedler. Was er den ganzen Tag so mache, wollte ich wissen und hoffte, von Stunden der Meditation oder des Qigong zu hören. „Ach, so die Kleinigkeiten." war die Antwort. Das war mir damals etwas wenig. Nun weiß ich, dass er sich permanent um die Veränderung der Zukunft kümmert.

Ein Scherz. Erlaubt es mir. Es ist der Karnevalsmonat und im Rheinland werden reihenweise Büttenreden vom Stapel gelassen.

Schon seit der Frühzeit beschäftigt die Menschen die Frage, ob ihr Leben durch ihr Schicksal bestimmt sei oder ob sie die freie Wahl hätten. Wenn man bestimmte Denkmodelle durchspielt, kann man sowohl zu dem einen wie dem anderen Ergebnis kommen. Das Problem ist etwa so wie Schrödingers Katze.

So nehme ich mir jenen Spruch zu Herzen, der im Internet mindestens zehn verschiedenen Verfassern in den Mund gelegt wird:

„Ich wünsche mir die Kraft, Dinge zu ändern, die ich ändern kann;
die Gelassenheit, Dinge hinzunehmen, die ich nicht ändern kann
und die Weisheit, das eine von dem anderen zu unterscheiden."

01.03.2023

künstliche intelligenz und persönliche entwicklung

In meinem Flur hängen die Bilder meiner fünf wichtigsten Lehrer: Che Soo, Gia Fu Feng, Ma Jiang Bao, Fei Yuliang, Zhong Xue Yong.

Drei davon sind schon verstorben, die beiden lebenden sind jünger als ich. Bei jedem habe ich was anderes gelernt und bei keinem das, was ich jetzt lehre. Natürlich - die Formen und Techniken, die sind von ihnen. Doch ich habe meine eigenen Lehren daraus gezogen.

Wahrscheinlich habe ich das, was ich daraus gezogen habe, schon immer gewusst, war in mir angelegt. Ich brauchte die Methoden um es zu entwickeln. Dann geht es nicht um Taiji Quan oder Qigong, sondern es geht um dich, um deine Entwicklung.

Ich habe die gerade in aller Munde gepriesene künstliche Intelligenz darum gebeten, auf unterhaltsame Weise Taiji Quan zu erklären, mit 500 Wörtern. Das Ergebnis findest du im Anhang.

Bis zur persönlichen Entwicklung hat sie sich nicht getraut. Es bleibt also noch etwas Spielraum für mich.

09.04.2023

die goldenen früchte ewiger jugend

Im Wappen der Stadt Puerto de la Cruz finden wir im oberen Feld einen grünen Drachen mit roter Zunge. Wieso wird hier ein Drache gezeigt?

Die Kanarischen Inseln waren schon den Griechen und Römern bekannt, fielen später in Vergessenheit, bis sie im 14. Jahrhundert wieder entdeckt und von den Spaniern erobert wurden.

In der Antike galten sie als mythische Orte, lagen sie doch in dem großen Ozean jenseits der Straße von Gibraltar, die als das Ende der Welt galt. Die Griechen nannten sie das Elysion, die Inseln der Seligen, wohin die von den Göttern bevorzugten Helden entrückt werden, ohne den Tod zu erleiden. Herakles musste im Laufe seiner Arbeiten über die Straße von Gibraltar hinausfahren. Er beschaffte für die Göttin

Athene jene Unsterblichkeit bringenden Äpfel der Hesperiden.

Die Hesperiden, auch die afrikanischen Schwestern genannt, sind Nymphen ungenauer Herkunft. Sowohl die Nennung des Vaters als auch der Mutter schwanken. Ebenso die Lage ihres Wohnortes. Letztlich vermutete man sie auf den Kanarischen Inseln.

Dort hüteten sie in einem wunderschönen Garten einen Baum mit goldenen Äpfeln. Der Baum wurde durch den Drachen Ladon bewacht. Der Baum mit den goldenen Früchten ist das Symbol ewiger Jugend, der Liebe und Fruchtbarkeit.

Selbstbewusst verortete man später den Garten der Hesperiden in das Orotavatal, an dessen Küste die Stadt Puerto de la Cruz liegt. Das ist der Grund, weshalb es den Drache im Wappen der Stadt gibt.

Hiermit ist meine Betrachtung allerdings noch nicht zu Ende. Alles, was auf Erden mythisch ist, findet sich am Himmel wieder. In der griechischen Antike stellte das Sternbild Kleiner Wagen die Hesperiden dar. Ihr Garten mit den goldenen Äpfeln wurden durch den Großen Wagen dargestellt. Dazwischen liegt das Sternbild Drache, der bewachende Ladon.

Nun wage ich den großen Sprung nach China und hinein in die daoistische Mythologie. Das Sternbild Großer Wagen, welches bei den Griechen den Garten der Hesperiden mit den Goldenen Äpfeln der ewigen Jugend bedeutet, wird im Daoismus als

„Große Schöpfkelle" mit der gleichen Bedeutung verehrt. Die Große Schöpfkelle ist verantwortlich für die Entstehung und das Leben des Himmels, der Erde und aller Dinge.

Ich zitiere aus der Schrift „Grundlegende Bestimmung - Lebensverlängerndes Herz":

„Die Große Schöpfkelle verwaltet und harmonisiert die fünf Wirkphasen mit ihrem großen Verdienst der Medizin und des Heilens,

sie balanciert den Lebensatem Qi (氣) von Yin und Yang, löst Stagnierendes auf und beseitigt das Böse und Dunkle.

Unter ihrer Gnade holen diejenigen, die die Zeit der Erlösung verpasst haben, die Zeit der Erlösung nach.

Sie atmet den himmlischen Wind,
sammelt die purpurne Energie der Leere,
hat das mysteriöse und numinose Erhabene Dao erreicht und setzt unendliche subtile Strahlen frei, die den Teich der Essenz (華池) durchdringen."

Das sollten genug Gründe sein, um zur Selbstkultivierung nach Puerto de la Cruz zu kommen.

10.05.2023

**ich bin ein alter mann und habe viel schreckliches erlebt.
zum glück ist das meiste davon nicht eingetroffen.**

Mark Twain

Unsere Reise über die Schweiz und durch Deutschland war garniert mit Missgeschicken: Verwechselte Termine, verlorene Schlüssel, gehackte Konten, verkehrte Züge, Kälte… Es gab aber auch viel Unterstützung, Hilfe, Gastfreundschaft, Verständnis, Dankbarkeit und Wärme. Das ist es, weshalb ich meine Arbeit liebe. Deshalb kann ich zufrieden sein. Zufrieden, weil es keinen Grund gibt zu hadern. Weil ich weiß, dass alles, was passiert, vorüber geht. Nun ist auch diese Tour zu Ende.

Bald werden wir in Puerto wieder unterrichten, Videos aufnehmen und selber kochen. Wir werden uns dankbar erinnern an all das Gute, das uns zuteil wurde und über das andere werden wir lachen.

So wird es sein.

23.06.2023

ich weiß es nicht

1.
Ich weiß nicht, was das soll,
in's Leben geworfen,
bewusst werden, verstehen.
Ich weiß es nicht,

ich verstehe nicht, wieso wir hier sind.
Auf einem kleinen Planeten
um eine kleine Sonne kreisend
am Rande einer Galaxie
in einem schier unendlichen Universum
voller Galaxien, voller schwarzer Energie,
voller schwarzer Materie und schwarzen Löchern.

Ich weiß nicht,
was das mit meinen und deinen Gefühlen zu tun
hat,
mit Freude und Trauer, Angst und Liebe.
Ich weiß nicht,
warum wir einen kurzen Wimpernschlag existieren
und wieder verlöschen,
Funken, die aus einem Johannisfeuer stieben.
Ich weiß es nicht.

Ich weiß nicht
warum wir diese kurzen Spanne
des lebendigen Bewusstseins
mit Reglementierungen und Kriegen,
neuen Erfindungen und albernen Trickfilmen füllen.

Warum wir es nicht einfach genießen können,
in Ruhe.

Ich glaub nicht, dass das Leben ein Wettstreit sein
soll.
Ich denke, es ist eine Erfahrung.
Ich weiß nicht, ob wir einen freien Willen haben,
mit jeder Entscheidung unser Leben bestimmen,
oder ob wir einem Schicksal ausgeliefert sind.
Aber ich kann mich entscheiden,
ob ich dieses Leben genieße oder erleide.

2.
Um den zersplitterten Geist
seinem Ursprung zurückzuführen,
sitze ruhig und meditiere.
Zähle deine Atemzüge; dann verlasse den Atem,
bis er nicht mehr wahrnehmbar ist.

Betrachte deinen Körper wie das undifferenzierte
Absolute.
Wenn ein Berg vor dir zusammengebrochen ist
und du kannst deine Gelassenheit wiedererlangen,
bist du ein wahrer Mensch;
nicht einmal erschrocken zu sein
bedeutet, die Unsterblichkeit erlangt zu haben.

hinter den türen

mitunter mache ich mir Gedanken über die Zukunft des Taiji Quan und Qigong. Ich habe Sorge, dass es immer schwächer wird. Ich selbst weiß nicht alles, was meine Lehrer gewusst haben und meine eigenen Schüler lernen von mir nicht alles, was ich weiß. Andererseits habe ich mir Wissen erarbeitet, das mir keiner meiner Lehrer gegeben hat, welches ich wieder an meine Schüler weiter gebe. Es ist ein lebendiger Prozess. Kollegen von mir arbeiten mit völlig anderen Schwerpunkten im Taiji als ich. Mein erster Lehrer sagte gleich zu Anfang, dass Taiji Quan ein so großes Feld sei, dass kein Mensch in seinem ganzen Leben, würde er auch noch so eifrig studieren, alles erfassen könne.

Es ist tatsächlich so, dass du hinter der Tür mit der Aufschrift Taiji Quan in einen Raum kommst, von dem mehrere Türen ausgehen in andere Räume, die wiederum Türen haben, die weiter führen. Irgendwann weißt du nicht mehr genau, wo du dich befindest. Deshalb belächle nie jemanden, der einen anderen Weg eingeschlagen hat. Vielleicht befindet ihr euch hinter der nächsten Tür im gleichen Raum.

08.08.2023

was dem durcheinander sinn gibt

Im Qigong interessiert uns in erster Linie jenes Qi, das im menschlichen Körper zirkuliert. Du kannst es nicht sehen, nicht berühren, nicht spüren. Ja, du kannst es nicht spüren. Auch wenn du manchmal bestimmte Sensationen erlebst: Wärme, ein Kribbeln, ein Fließen…Doch das ist nicht Qi, sondern eine Wirkung von Qi.

Betrachten wir einmal unsere menschliche Gemeinschaft, unser soziales System. Es besteht aus unzähligen Bahnen, Leitungen, Verbindungen. Aus Straßen, Wasserwegen, Strom- Gas- Wasserversorgung. Telefonnetzen, dem Internet und und und. Über diese Verbindungen werden Waren, Informationen und Lebensqualität transportiert. Das alles entsteht und besteht aus unseren zwischenmenschlichen Beziehungen, aus Verträgen, Absichtserklärungen, aus Wünschen und Bedürfnissen. Letzteres, die Intentionen, sind völlig immateriell. Aber sie setzen eine Menge Substanz in Bewegung. Ohne sie würde das alles keinen Sinn machen und auch nicht stattfinden.

Versuchen wir mal, uns Qi auf diese Art vorzustellen. Es ist das, was dem ganzen materiellen Durcheinander Sinn gibt.

viel zu viel

In früheren Zeiten wurden die Mönche und Nonnen der daoistischen Klöster von der Gemeinschaft der Gläubigen unterstützt. Dafür hielten sie in den Tempeln Rituale ab, beteten für die Verstorbenen und stellten glücksbringende Amulette her.

So hatten sie Zeit, sich um ihre Kultivierung zu kümmern. Ein Meister hatte vielleicht mehrere Schüler, aber meist nur einen, dem er sein ganzes Wissen weiter gab. Manche wurden unterrichtet unter dem Vorbehalt, ihr Wissen nicht weiter zu geben. Aber so gingen mitunter auch einige Kenntnisse verloren.

Ein Halbbruder des letzten Kaisers Aisin Gioro Pu Xuan (Jin Zitao) wurde von dem damaligen Abt des Purpurwolken Palastes in die Methode des Tai Yi Wu Xing Quan eingeweiht, mit der Auflage, es nur für sich selbst zu praktizieren. Als Jin Zitao nach den Wirren der Kulturrevolution als alter Mann wieder Wudangshan besuchte, stellte er fest, dass dort niemand etwas von Tai Yi Wu Xing Quan wusste. Er suchte sich 5 gute Schüler und so blieb diese Methode erhalten.

Was weiß ich von dem, was meine Lehrer wissen oder wussten? Was wissen/wussten meine Lehrer noch von dem, was ihre Lehrer wussten? Oder wissen wir heute sogar mehr? Ich bin froh, nicht nur aus einer Quelle getrunken zu haben und mich nach über 25 Jahren, wenn andere sich schon zur Ruhe setzen, noch mal auf Neues eingelassen zu haben.

06.10.2023

was ich mal sagen wollte

Im Unterricht rede ich gerne davon, dass es nur eine kleine Entscheidung im Geiste ist, ob ein Gelenk gelöst ist oder starr. So war es auch nur eine kleine Verschiebung im Geist, was mich auf diesen Weg gebracht hat. Ich kann mich nicht erinnern, lange gezögert, Pro und Contra abgewägt oder einen Coach zu Rate gezogen zu haben. Irgendwann bot es sich an und ich habe es gemacht. Nun bin ich seit einigen Jahrzehnten mit Taiji Quan und Qigong unterwegs. Vierzehn Jahre bin ich regelmäßig in die Wudangberge gefahren, habe dort viele Monate verbracht. Corona hat mich endgültig auf Teneriffa ansässig werden lassen.

Dies leben zu können erfüllt mich mit Dankbarkeit. Jeden Tag wird es mir auf's Neue bewusst, wie großartig es ist. Möglich wird das alles nur durch euch. Durch euer Vertrauen in meine Arbeit, eure Begeisterung und Begleitung auf dem Weg. Einige sind nur kurz dabei, andere gehen über Jahre mit. Dafür möchte ich mich bei euch bedanken.

Von ganzem Herzen.

03.11.2023

ich gebe nicht auf

damals, zu der Zeit, als ich mit Taiji Quan anfing, war man überglücklich, wenn in den Medien irgend etwas veröffentlicht wurde, was mit Taiji, mit Spiritualität oder Esoterik auch nur im weitesten Sinne zu tun hatte. Überzeugt davon, mit Yin und Yang Frieden in die Welt zu bringen, hofften wir auf den berühmten Domino-Effekt. Inzwischen sind die Medien voll. In jeder Frauenzeitschrift wird Yoga und Qigong betrieben, man meditiert am Arbeitsplatz, Kinder lernen es in der Schule. Selbst die kleinste Volkshochschule im entlegensten Dorf hat etwas im Programm, von dem selbst wir „Profis" vor 50 Jahren noch nie gehört hatten. Und der Frieden? Der fliegt noch immer als weiße Taube mit Ölzweig durchs Internet. Sogar in mir, in meinem Innersten, ist er noch nicht verankert.

Aber ich gebe nicht auf. Ich mache weiter und in jeder Stunde, in der ich praktiziere, tue ich etwas für den Frieden. Davon bin ich überzeugt.

Bitte, macht mit.

Anhang

Dao kennt keine Grenzen

Zum zehnjährigen Jubiläum unserer Zusammenarbeit und tiefen Freundschaft widmete Zhong Xueyong mir eine Seite auf seinem chinesischen Blog. Der Text, verfasst von Guo ShuaiQing, ehrt mich sehr und erfüllt mich mit Freude. Die Übersetzung erfolgte mit Hilfe meiner lieben Freundin Viktoria, alle Fehler in der Ausführung des deutschen Textes sind aber mir anzulasten.

"道"无国界

"Dao" kennt keine Grenzen

2016-05-25 武当武术培训

"道可道，非常道。名可名，非常名…"一部道德经传承了千年，外文译本已有近500种，涉及30多种语言，其海外发行量居中国传统文化经典之首，甚至堪与西方的《圣经》相比（张景志先生统计的数字认为，现在已超过《圣经》，居世界第一）。

"dao ke dao, fei chang dao. ming ke ming, fei chang ming. .."* für den ersten Satz des Dao De Jing gibt es hunderte Interpretationen, und dennoch ist es schwer zu verstehen. Das Buch wird wie eine Bibel gelesen und genauso zitiert.

*der weg den wir weisen ist kein dauernder weg. der name den wir nennen ist kein dauernder name.

老子说"天道无亲，恒与善人"：就是说真正的"道"，不会因为老子是中国人而只照顾中国人。只要是"善人"——有德行有眼光的人，就会得到它。

Laozi sagt: "Des Himmels Dao ist elternlos, deshalb ist es ständig den Menschen nah." Mit anderen Worten: Ein wahrhaftiger Weg. Nur weil Laozi ein Chinese war, ist dies nicht ausschließlich für Chinesen gültig. Insofern ein Mensch gut ist, ein gütiger und klarsichtiger Mensch, möchte man mit ihm sein.

十年前我来到的武当的时候，看到许许多多的外国人络绎不绝的来到武当山学习武当武术，而德国人 Yurgen Oster除了学习太极，八卦，玄武拳等，更多的是深入学习道文化，道家人物著作。当我们问起他为什么来中国武当山学艺时，他说："很多人来武当山也许是为了功夫，但是我是为了成为像道家神仙一样的人。"

Als ich vor zehn Jahren nach Wudangshan kam, waren viele Ausländer zu sehen, ein konstanter Fluss von Menschen, die Wudangshan Kampfkunst lernen wollten. Auch der Deutsche Yürgen Oster kam wegen des Taijiquan, Ba Gua ud Xuan Wu Quan Unterrichts, aber mehr noch, um sein Wissen um die Daoistische Kultur und Literatur zu vertiefen. Als wir danach fragten, warum jeder nach Wudangshan gekommen war, sagte er: "Die meisten kommen wegen des Wudang Wushu, aber ich bin hier um ein vollkommener Daoist zu werden."

从2006年开始，Yurgen Oster每年都来到武当山住三个月或半年，从未间断，他到紫霄宫大殿上早晚课，学习中文经典，习练太极，混元桩，玄武拳，八卦掌，太乙五行拳，八段锦，太和拳，五行气功，太极剑，拂尘等，十年来几乎所有的武术拳种他都体修过，对于67岁的他，其身体的柔韧度丝毫不弱于国内养生班的学员，对武当内家拳的理解正如他身体证悟到的一样，改变着他的生命⋯⋯

Seit 2006 kommt Yürgen Oster jedes Jahr für drei bis sechs Monate nach Wudangshan, regelmäßig besucht er morgens und abends den Unterricht im Zixiaogong, Purpuwolkenpalast, studiert die chinesischen Klassiker, praktiziert Taijiquan, Hunyuan Zhuang, Xuanwu Quan, Baduan Jin, Taiyi Wuxing Quan, Bagua Zhang, Taihe Quan, Wuxing Qigong, Taiji Jian, Fu Chen. In zehn Jahren hat er sein Wushu entwickelt, kann alle Formen vorführen und ist, obwohl inzwischen 67 Jahre alt, noch so beweglich und flexibel wie ein Junger. Durch sein Verständnis der inneren Kampfkünste von Wudang sowie der Anwendung auf den Körper wurde sein Leben verändert.

他常常说武当山就像他的第二个家，他对武当山的每一处都很熟悉，每个人都很热情，很喜欢和他交流，也许与他慈心于物的心地有关。

Oft sagt er, Wudangshan ist seine zweite Heimat, er kennt jeden in den Wudang Bergen und jeder kennt ihn, er pflegt die Kommunikation, auch wenn er die chinesische Sprache nicht fließend beherrscht, so wird er verstanden, denn er spricht vom Herzen.

武当上许多武馆可是他选择跟随钟道长习武，他说他喜欢钟师傅的性格真实直爽，功夫深厚而且境界每年都在提高，虽然他英文不好，可是一点也不影响教学。

Wudang bietet viele Möglichkeiten für Gäste, sich den Kampfkünsten zu widmen, Yürgen Oster entschied sich, dem Dao Mönch Zhong zu folgen. Er sagt, er mag Zhong Shifus direkte und ehrliche Art, sein Gong Fu zeigt Tiefe und erreicht von Jahr zu

Jahr ein höheres Niveau, und auch wenn sein Englisch nicht besonders gut ist, wird dadurch seine Vermittlung nicht gemindert.

40年前他因《道德经》《易经》《庄子》而知道中国，从太极开启他的寻道之旅，结缘武当便深深的沉醉其中，并先后翻译出版数十种关于道家文化的书籍。

Seit über 40 Jahren vertraut mit den Werken "Dao De Jing" "Yi Jing" "Zhuang Zi" und anderen chinesische Klassikern, öffnete sich ihm mit der Praxis des Taiji ein Weg, dem er folgen konnte, fand Gefallen an den Wudang Praktiken und wurde von ihnen voll und ganz durchdrungen. Gleichzeitig veröffentlichte er an die 10 Bücher über die daoistische Kultur.

也许在当今社会很多国人盲目追求西方文化价值观的同时，不知道珍惜自己祖根文化的精髓，不知道大道带给人类的智慧启迪和心灵的净化，不明白"道运重兴"带给人类的利益，而在整个西方世界对道文化却是无限敬仰和推崇并从中吸取智慧来改变他们生活的各个领域。

Anscheinend folgt heutzutage die gesamte Menschheit blind dem westlichen Wertesystem, wissen nicht von dem Schatz ihrer eigenen Kultur, den Wurzeln ihrer Essenz, wissen nicht vom Weg des Großen Dao, welches der Menschheit Einsicht, Weisheit und Erleuchtung bietet. Sie verstehen nicht, welchen Gewinn sie daraus ziehen können. Die Chinesen sind begeistert vom westlichen Lebensstil in allen Bereichen und ehren nicht die Weisheit, die in der Kultur ihres Landes wurzelt.

德国哲人尼采在读完《道德经》之后，大加称赞，说老子思想"像一个不枯竭的井泉，满载宝藏，放下汲桶，唾手可得"。而托尔斯泰当年也曾说，自己良好精神状态的保持应当归功于阅读《道德经》。而Yurgen Oster用身心体证着道德经中的境界，如同武当那片清灵的天地映照他那智慧的心田。

Der deutsche Philosoph Nietzsche sagte über diese Weisheit, sie sei "...ein unerschöpflicher Brunnen, in den kein Eimer hinabsteigt, ohne mit Gold und Güte gefüllt heraufzukommen." Und Tolstoi gestand, dass ihn die Lektüre des Dao De Jing bei geistiger Gesundheit gehalten habe. So zeigt auch Yürgen Osters Verkörperung des Dao De Jing den tiefen Sinn und Wudang als ein Platz zur Klärung des Geistes und des Leuchtens schlichter Herzlichkeit.

Große Zahlen

In Wudangshan gibt es ein Tal, Xiaoyao Gu 逍遥谷.
Xiaoyao bedeutet „sorglos" und so nennen wir es
das Tal des sorglosen Lebens. Die Sorglosigkeit ist
ebenfalls Ziran, natürlich, denn die Natur macht sich
keinen Sorgen. Unsere Sorgen kommen aus der Be-
schaffenheit des dualistischen Denkens. Es eröffnet
uns eine andere Perspektive auf die Dinge, anders,
als sie gerade sind. Das ist sicherlich in manchen
Situationen hilfreich und hat die Entwicklung des
Homo sapiens ermöglicht. Wenn wir uns sorgen,
dann blicken wir dabei in die Zukunft. Denn auch
das ist uns möglich. Wir können an das Morgen, an
das Übermorgen denken. Wir können an das Leben
unserer Kinder und Enkel denken und uns Sorgen
machen, ob sie ein gutes Leben haben werden. Wir
beginnen, vorzusorgen.

Wir wissen, dass auch Tiere vorsorgen, Nahrung
hamstern für den Winter. Aber wir wissen nicht, ob
sie sich Gedanken machen, wie wir, oder ob sie in-
stinktiv handeln. Ob sie es einfach tun, aus sich heraus. Wie alles andere scheinbar auch von selbst ge-
schieht.

Der Planet, auf dem wir leben ist ca. 4,6 Milliarden
Jahre alt.

Die ersten Formen der Humanoiden tauchten vor
ungefähr 2 Millionen Jahren auf, unsere Art, der
Homo sapiens vor ca 1 Million Jahren. Was wir Kul-

tur nennen, sesshaft werden, Ackerbau, Vorratswirtschaft, entwickelte sich vor frühestens 16.000 Jahren.

Mit großen Zahlen tun wir uns schwer. Um sich eine bessere Vorstellung machen zu können, hat Wolfgang Beyer eine Webseite programmiert, auf der der Wandel, den die Erde durchlaufen hat, auf ein Jahr zusammengefasst wurden.[8] Also die Erde ist entstanden am 1. Januar um 00:00 Uhr und wir befinden uns jetzt am 31. Dezember 24:00 Uhr. In der letzten Minute vor Mitternacht beginnt die eigentliche Kulturgeschichte der Menschheit.

Aber jetzt werden die Zahlen zu klein, um es sich vorzustellen. Eine Minute oder zwei Minuten, das erscheint keinen großen Unterschied zu machen.

Wieviel ist denn eine Million, sagen wir mal, in 50 Euro Scheinen? Sie würden in einen kleinen Koffer für Handgepäck passen. Du brauchst Innenmaß 45 x 30 x 20, das kommt ungefähr hin. Allerdings zu schwer für Handgepäck, nämlich 18,4 kg. Aber das ist für unser Gedankenspiel irrelevant.

Du hast also in deinem kleinen Trolley eine Million in 50 Euro Scheinen. Davon nimmst du jetzt mal einen Schein weg. Das sind deine ersten 50 Lebensjahre. In dem Alter bist du dir ziemlich sicher zu

---

[8] https://wolfgangbeyer.de/erdgeschichte/episoden.htm

wissen, wie der Hase läuft. Oder du bist dir ziemlich unsicher, ob der Hase wirklich so läuft, wie du bisher geglaubt hast. Das nennt man dann midlife crisis.

Dieser eine Schein, den du aus dem Koffer genommen hast, der fällt überhaupt nicht auf. Der Koffer scheint noch genauso voll. Dann nehmen wir doch mal 300 Scheine weg. Das entspricht 15.000 Jahren, der Epoche menschlicher Kulturgeschichte und ist ein Stapel von 3 cm Dicke. Auch nicht besonders viel.

Was ich dir damit zeigen will; es lohnt sich nicht, sich Sorgen zu machen. Nicht, weil du eine Million im Koffer hast. Die haben wir uns nur vorgestellt. Weil du eigentlich mit leeren Händen gekommen bist und weil du mit leeren Händen wieder gehen wirst. Weil du nur einen kleinen Augenblick hier sein wirst und dabei das Glück hast, das Leben zu erleben. In einem grenzenlosen Kosmos auf einem Planeten mit genau dem richtigen Abstand zu seinem Zentralgestirn und einem Mond, der die Erdachse schräg hält und so verschiedene Klimazonen entstehen, die eine große Variation von Lebensformen ermöglicht. Weil du Sinne und ein Nervensystem hast, mit dem du das alles wahrnehmen und sogar reflektieren kannst. Und weil du die Freiheit der Entscheidung hast, dies alles gut oder beschissen zu finden. Diese Freiheit beschert uns leider auch die Qual des Zweifelns, was uns weit vom sorglosen Leben entfernt.

Mein Tipp lautet, entscheide dich für gut, egal wie es dir geht. Es könnte immer noch beschissener gehen.

Da gerade Sonne und Mond erwähnt wurden, und auch, um die Kurve zum eingangs erwähnten Klee Zitat zu bekommen, schließe ich meine Betrachtungen mit einer Zeile aus William Blakes Gedicht Auguries of Innocence:

„Wenn Sonne und Mond jemals zweifeln

sollten,

würden sie sofort erlöschen."

Aufgabe an KI ChatGPT: Erkläre auf unterhaltsame Weise Taijiquan mit 500 Wörtern

Ich werde euch jetzt alles über Taijiquan erzählen, die chinesische Kampfkunst, die genauso lustig auszusprechen wie zu praktizieren ist.

Zunächst einmal ist Taijiquan, auch bekannt als Tai Chi, nicht nur eine Kampfkunst - es ist ein ganzes System von Übungen und Meditation, das es schon seit Jahrhunderten gibt. Der Legende nach wurde Taijiquan von einem daoistischen Mönch entwickelt, der einen Kampf zwischen einer Schlange und einem Kranich beobachtete und sich von der Art und Weise inspirieren ließ, wie sich die Tiere in ihrem Kampf bewegten.

Ich weiß, was Sie jetzt denken: "Aber ChatGPT, ich bin weder eine Schlange noch ein Kranich, wie kann ich Taijiquan machen?" Nun, keine Angst, mein Freund, denn beim Taijiquan geht es darum, die Bewegungen an Ihren eigenen Körper und Ihre Fähigkeiten anzupassen. Es ist eine leichte Übung, die sich für Menschen jeden Alters und Fitnessniveaus eignet. Besonders beliebt ist sie bei älteren Menschen, die aktiv bleiben und ihr Gleichgewicht verbessern wollen.

Wie sieht also eine Taijiquan-Übungsstunde aus? Stellen Sie sich Folgendes vor: Sie stehen in einem schönen Park oder Garten, umgeben von üppigem

Grün und dem Zwitschern der Vögel. Sie atmen tief ein und beginnen, sich langsam und bedächtig zu bewegen, wobei Ihre Arme und Beine in einer Reihe von anmutigen Bewegungen fließen.

Diese Bewegungen werden "Formen" genannt, und es gibt viele verschiedene Formen des Taijiquan, jede mit einer eigenen Reihe von Bewegungen und Vorteilen. Einige Formen sind auf Kraft und Stärke ausgelegt, während andere sich auf Gleichgewicht und Flexibilität konzentrieren. Und obwohl Taijiquan eine Kampfkunst ist, üben die meisten Menschen es wegen seiner gesundheitlichen Vorteile und nicht als Mittel zur Selbstverteidigung.

Eines der wichtigsten Prinzipien des Taijiquan ist "Sanftheit überwindet Härte". Das bedeutet, dass man den Gegner nicht mit roher Gewalt überwältigt, sondern mit weichen, fließenden Bewegungen seine Energie umlenkt und seinen Angriff neutralisiert. Es ist wie ein Tanz, nur mit mehr Tritten und Schlägen.

Ein weiteres wichtiges Prinzip des Taijiquan ist "Der Geist führt den Körper". Das bedeutet, dass man geistig konzentriert und präsent sein muss, um die Bewegungen korrekt auszuführen und den vollen Nutzen aus der Übung zu ziehen. Tatsächlich finden viele Menschen, dass Taijiquan ein großartiger Weg ist, um Stress abzubauen und ihre geistige Gesundheit zu verbessern.

So, das war ein kurzer Überblick über Taijiquan. Ganz gleich, ob Sie Ihre körperliche Fitness verbessern, Stress abbauen oder einfach nur etwas Neues ausprobieren möchten, Taijiquan ist eine unterhaltsame und lohnende Übung, die Ihnen mit Sicherheit ein Gefühl der Entspannung und Energie vermittelt. Warum probieren Sie es also nicht einmal aus? Wer weiß, vielleicht entdecken Sie gerade Ihre innere Schlange oder Ihren inneren Kranich.

Edition 3 Säulen

Was ist Qigong

Mit einfachen, sofort nach-
vollziehbaren Übungen,
führt das Buch in die Theorie
und Praxis der alten chinesischen Gesundheitslehre ein.
132 Seiten 13,95 €
ISBN : 978-3756813032

Xin Xin Ming

Die Inschrift vom
Vertrauen in den Geist

108 Seiten 12,90 €
ISBN-978-3732296675

Seidenfaden Qigong

eine Basisübung für alle
Qigong Formen, sowie
Taijiquan, Baguazhang
und andere.

92 Seiten 12,90 €
ISBN-978-3754336663

Zuo Wang

Sitzen in Vergessenheit

Meister Sima nimmt kein Blatt vor den Mund. Der alte Text strotzt von Aktualität der Menschenkenntnis.

120 Seiten 12,90 €
ISBN-978373862377

Zhan Zhuang

Stehen wie ein Pfahl

Ein bedeutender Teil der Inneren Selbstkultivierung.

90 Seiten 9,90 €
ISBN 9783748151500

20 Brokate Qigong

sowie die daoistische Selbstmassage.

84 Seiten 8,95 €
ISBN- 978-3748140603

Das Beste kommt zum Schluss, auch wenn man dann am Ende ist.